如何把一天过成48小时

职场第一课 · 时间管理

速溶综合研究所 ________ 著

中信出版集团 · 北京

图书在版编目（CIP）数据

如何把一天过成48小时：职场第一课·时间管理 / 速溶综合研究所著. -- 北京：中信出版社，2018.12
ISBN 978-7-5086-9285-2

I. ①如… II. ①速… III. ①时间－管理－图解 IV. ① C935-64

中国版本图书馆CIP数据核字（2018）第167678号

如何把一天过成48小时——职场第一课·时间管理

著　　者：速溶综合研究所
出版发行：中信出版集团股份有限公司
（北京市朝阳区惠新东街甲4号富盛大厦2座　邮编　100029）
承 印 者：中国电影出版社印刷厂

开　　本：880mm×1230mm　1/32　　印　　张：6.25　　字　　数：72千字
版　　次：2018年12月第1版　　印　　次：2018年12月第1次印刷
广告经营许可证：京朝工商广字第8087号
书　　号：ISBN 978-7-5086-9285-2
定　　价：36.00元

总　序

师北宸

“写作训练营”创始人

给你一整套职场通关地图

你可能还没进入职场，或者刚刚进入职场，我相信你曾经遇到这种情况：公司领导或学校老师交办你几件事，你一一做了记录，然后转头便开始干活。为了快点做完，你几乎顾不上跟领导或老师确认任务目标。在整个过程中，你也很少与别人沟通，更别说仔细思考怎么做才能更高效。

这样做的结果是，你好不容易赶在截止日期之前搞定了任务，但等着你的，很可能是领导或老师的不满——很少有人一次就能把工作做到位。

问题到底出在哪里呢？时间管理不行？工作方法不对？……

针对这个问题，这套书中的比基涅斯博士提出了一个简洁有效的“解决问题三步法”：提出问题（what）——分析问题（why）——解决问题（how）。

面对每一个问题时，如果你都可以运用这个三步法，绝大部分问题都可以迎刃而解。

这个解决问题三步法，是在训练你的逻辑思考力。按照这个三步法，你接到任务以后，首先该做的不是立刻执行，而是花些时间对任务进行解码和翻译。针对问题做解码和翻译花的时间，应该是在执行上花的时间的好几倍。

书中阐述的解决问题三步法，是这样操作的：

提出问题（what）：对于他人交办的事情，你与对方沟通并确认了具体的任务目标是什么吗？

分析问题（why）：你需要花多长时间完成任务？对于应该先做什么、后做什么，你有时间管理的意识吗？完成任务需要动用什么资源？可以找哪些同事合作？你的人际协调能力和职场交涉能力过关吗？

解决问题（how）：在扎实做好前两步的基础之上，再开始具体执行。

别小看上面这个过程，无论是对大项目还是小问题，这三步都行之有效。

职场比拼的永远是一个人的综合实力，光是单一技能过硬，还是不够的。

“职场第一课”系列由 5 本独立的小册子组成，你可以根据自己的需求和喜好挑某个章节读，也可以随意翻开某个章节读。

但是，我更推荐的阅读方式是，把 5 本书一口气看完。它们就像一副拼图，只有把这 5 项技能组合起来，才能拼出完整的职场通关地图，你才能汲取其中最精华的部分，才能体会到组合拳的威力。

所以，这是一套值得你反复阅读的好书。

给你一套职场复盘的指南

一个人在职场中的时间大约为 40 年，考虑到现在人类寿命变得更长了，这个时间可能会增加到 50 年甚至 60 年。

有些人重复做一项工作 10 年都没有进步，有些人工作一年，比别人工作 10 年积累的经验还要多。

我喜欢总结与复盘。我每天会处理好几件事情，每处理完一件事情，我都会复盘反思，不断停下来审视自己的不足，并思考如何改进。很多时候我会写下来——写作有利于思考，有利于沉淀，有利于发现不足，更有利于逐渐找到答案。

在阅读“职场第一课”系列书稿期间，我正在创办写作训练营，也在打磨我的写作课程。由于是创业初期，我每天都会有非常多琐碎的事情需要处理，同时还有大量的客户和学员需要约见。

在这短短几个月的时间里，我更加感受到了时间管理和信息管理的必要性，及良好的人际协调能力的重要性。这套书不仅对职场新人非常有帮助，对我这种工作了 10 多年的人也依然有很大帮助——尤其是，整套书还有图解示范，阅读起来更加轻松，也使我对职场类书籍有了新的认识，并不是所有的职场类书籍都过于干涩、难读。

事实上，每一次职场调动，或者每一次新挑战，都会让我们回到一个新的起点，再次成为职场新人。

我很喜欢这套书的编排方式。每个单元开头都是先由一位职场新人提问，然后比基涅斯博士会给出一个概括性的回答。紧接着，作者便开始介绍相关概念和理论，再用图解的方式将其具体解释清楚。整个过程非常生动，而且一目了然。

最精妙的设计是，在每个章节结尾部分，作者都会提供一项小测试，用来帮读者做“诊断”。

这个小测试的优势还在于，你有两种测试方法可以选择：第一种是前测，就是先测，找出问题，带着问题到书中找答案；第二种是后测，当你合上书本，实践一段时间回来复盘的时候再去测试，便可以知道自己是否真的掌握了这些技能。

如果你有兴趣，把两次的测试结果比较一下，一定会惊喜地看见自己的进步和成长。

从教到练，再到测试，这样就形成了一个完整的学习闭环。职场类的书，读完一定要用。不用，就不是你的；开始运用，它就会内化为你的能力。

这是一套值得你放在书桌上最显眼位置并且反复阅读的书。

带你进入一个真实的职场

我喜欢这套书还有一个原因，它为读者再现了一个真实的职场，一次性呈现出了上百个常见的职场问题，并且都非常接地气，你学完就可以运用。比如：

为什么其他同事都能够打成一片，我却做不到？

在跟同事交往的过程中，我总是被牵着鼻子走，是我不够强大吗？

怎样才能让领导发现我是被埋没的金子呢？

……

如果我们把进入职场看作就读一所“大学”的开始，那么对我们来说最重要的是什么呢？

毫无疑问是学习和成长。

上学的时候，你可以去听课、泡图书馆、跟室友讨论，到了职场中，几乎身边的每一个人，包括同级、上级，甚至你的客户、展会上认识的行业伙伴，都可以成为你的老师和指路人。

对于新入职员工的培养，日本的公司往往采用师徒制。如果你的公司也有这样的制度，那再好不过了，如果没有，那我强烈建议你主动给自己寻找一位导师，如果暂时还没有找到的话，你就先把比基涅斯博士当成你的导师吧。相信我，他真的非常睿智。

所以，这是一套适合你随时翻阅的书，它可以帮助你随时开启和比基涅斯博士的对话。

对了，我们还为你精心准备了一套价值 99 元的“知识星球·写作课程”，随书免费赠送，扫描二维码即可领取。如果说进入职场有三门必修课，那写作一定是其中之一。欢迎你在读书过程中，将你的读书笔记和书评与周围的同事和朋友分享，也欢迎你关注微信公众号“师北宸（beichenshi01）”，将你阅读这套书的感受告诉我。

快去阅读吧，书中还藏着非常多的小惊喜，等你慢慢去发现。

扫码加入写作训练营

登场人物介绍
Main Characters

速溶综合研究所是一所由各方超级专家和研究员组成，专门研究职场、社会与经济等方面问题，并为有这方面困扰的人们提出解决方案的研究机构。

此次，一家蔬菜配送公司邀请了研究所的比基涅斯博士，来帮助员工解决时间管理不当的问题，以求更灵活有效地把控时间，提高办事与生产效率。比基涅斯博士和助手艾玛能否顺利解决所有问题？

比基涅斯博士

社会学者　性别：男　年龄：55 岁

速溶综合研究所的研究员，专攻社会学领域。常年带着助手到不同的地方考察，喜欢在随身携带的手账上记录各种细节。习惯一边吃早餐一边翻阅报刊。最近对社会人的职场技能颇有兴趣，每周两次到蔬菜配送公司研究和解答相关课题。思考太过投入时会自言自语起来。

艾玛

比基涅斯博士助手　性别：女　年龄：25 岁

比基涅斯博士的得力助手。由于有过做新闻记者的经历，所以对于现场的确认特别执着。认真是艾玛最大的特点，很多时候她说话比较直，但是个内心非常淳朴、善良的女生。最近跟着博士出入蔬菜配送公司，负责记录员工们在学习时间管理过程中遇到的问题，并帮助提出解决方案。

小洋

性别：男　　年龄：24 岁

蔬菜配送公司市场部的新入员工，性格开朗，在人际交往中不拘小节，这也导致他考虑问题往往不够周全。对新鲜事物毫无抵抗力。最喜欢的蔬菜是番茄。面对比基涅斯博士的说教感到苦恼，但是并不讨厌。为表感谢，想邀比基涅斯博士去看爵士现场秀。

小米

性别：女　　年龄：23 岁

和小洋同一时期入职的客服部员工，做事细心但性格害羞。想象力丰富，对于蔬菜的各种知识感到无比好奇。最喜欢的蔬菜是蘑菇。由于比较内向，周末通常宅在家里。最近因为参与博士的时间管理课题，和艾玛成为好朋友，有职场的烦恼时也会向艾玛倾诉。

蔬菜君们　　性别：不详　　年龄：幼齿

小洋和小米所在蔬菜配送公司的事业部里，来往着许多蔬菜君。它们跟在业务员们的身边出入市场，时不时无意地制造一些小麻烦，但在关键时刻也会忽然提出灵光一现的好点子。

CONTENTS 目　录

第 1 章

带你认识时间管理

第 2 章

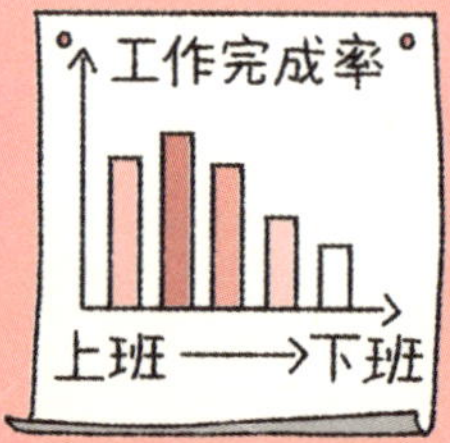

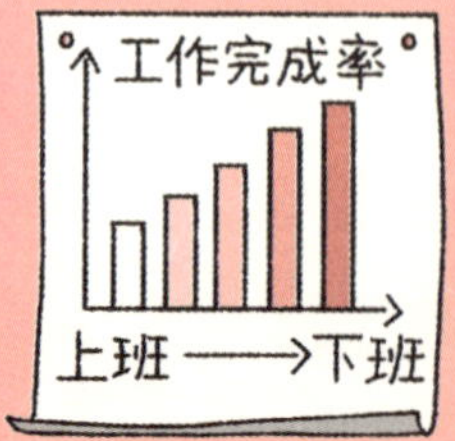

工作中的时间把控力

第 3 章

把握自己的生活时间

第 4 章

带你走出时间管理的误区

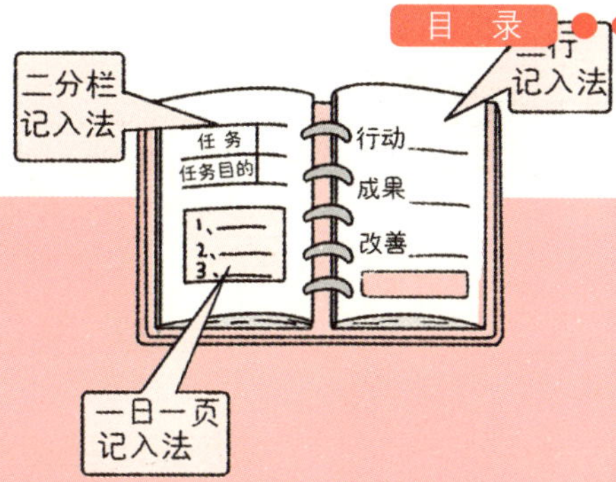

第 5 章

时间的好伙伴——手账

第 6 章

时间管理小测试 Ready? Go!

从校园转身踏入职场的你，对自己的时间把控力是否胸有成竹?

一天超过 8 个小时投入工作的你，是否能有效地处理各种事务？在自己的私人时间里，你是否尽情享受着生活与学习？掌握时间把控技能，帮你合理管理时间，目标是“没有浪费！”

纠正你对时间管理的认识

第1章

带你认识时间管理

TOPIC

1–1

职场第一课·时间管理

时间管理有四个等级

● 时间管理等级和时间把控力成正比关系，你在第几个等级？

QUESTION

新入职不久，我感觉充满干劲！但随着工作的不断深入，任务一多，我就会感觉时间不够用。我想提高一下自己把控时间的能力！

ANSWER

没问题，想要提高时间把控能力，我们可以先来了解一下时间管理这个概念。一般来说，时间管理有四个等级。初入职场的人多数都面临时间不够用的问题，正处于“产生有效使用时间的意识”这个阶段。接下来你就要向之后的三个等级依次进阶了。

我们所说的时间管理，是指通过均衡地把握时间，合理地安排时间，在有限的时间内，将行动的效率和产能最大化。它既是一种剖析问题的技能，也是一种解决问题的方式。听起来是否有些高深复杂？其实当你翻开这一页的时候，你已经处于时间管理的第一个等级了。

等级 1——产生有效使用时间的意识

许多职场新人都会在忙碌中抱怨时间不够用。其实能感觉到时间不够用，说明你已经具有了想要有效使用时间的意识——这是时间管理的初级阶段。

有了意识才会去寻求解决问题的途径。高效使用时间是解决“时间不够用”问题的有效对策。要做到高效使用时间，就必须掌握管理时间的正确方法。

等级 2——掌握时间管理的基本方法

第二个等级即是要求你具备一定的时间管理的基本方法。本书会根据不同的情况，具体介绍相对应的时间管理方法。首先，我们需要注意的有以下三点。

（1）**记录时间，清楚自己的时间去向。**在我们的日常生活和工作中，普遍存在浪费时间的现象。把大量的时间花费在不必要或者不重要的事情上面，结果导致在处理重要的事情或者工作任务的时候，时间不够用。

因此，我们要清楚自己的时间被用在哪些地方。以 7 天为一个周期，记录一天中每隔一段时间，比如每 30 分钟或每一两个小时所做的事情，然后做一个统计，这样就可以了解自己一天的时间都用在哪些方面。一周结束后，分析一下这周你的时间是否被合理使用，并判断哪些时间是被浪费的，哪些时间是可以缩减的，哪些时间是需要增加的。

（2）**不可小看碎片时间。**其实时间就是我们一天又一天的消耗品，我们花费时间时和使用其他生活用品一样，会产生零零碎碎的耗损。比预计的时间提前完成某项任务省下来的时间，就叫作碎片时间。这些碎片时间通常没有被事先安排任何工作，属于未被计划的时间，比如等车的时间、提前开完会议余出来的时间……**不要小看这些不起眼的时间，我们完全可以灵活利用碎片时间以争取更多意外收获。**

（3）**分配时间，制订清晰的时间规划。**我们每个人一天当中都要处理很多件事情。如何合理地分配时间，取决于我们对事情的把握，以及对时间的规划。办事效率越高，所需花费的时间越少，一天中能完成的任务也就越多。如果能开始制订有效的工作计划，那么说明你已经向时间管理的第三个等级迈进了。

等级3——制订计划并能坚持执行

为什么说“制订计划”到达了时间管理的第三个等级？因为此时你需要具备足够的分析问题的能力来安排你的时间。你会考虑自己的办事能力与效率，完成一项任务需要多少必要的时间。**在这个过程中，还需要将任务具体化、明确先后顺序，而且还需要考虑可变性，让你的计划富有弹性。**

但光有计划还不够，时间管理的第三个等级的重点还在于，你能够坚持执行自己设定的计划。坚持执行并不是机械地重复同一过程，而是需要在执行过程中不断发现问题，改进自己处理事情和安排时间

时间管理的四个等级

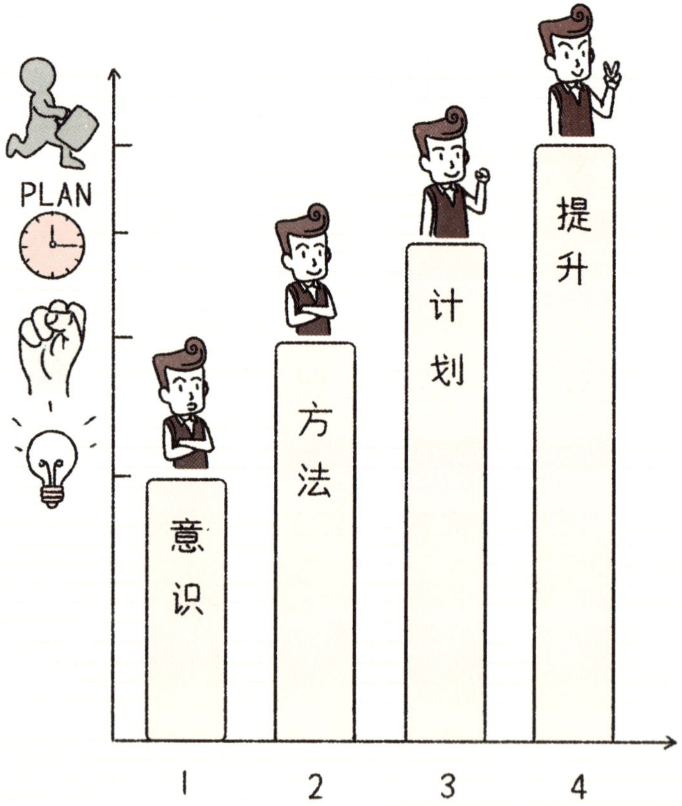

的方式，从而提升自己对时间的把控力，以及办事的效率。

等级 4——能提高生产性

学习对时间的把控能力，其根本目的在于提高效率。当你的效率提高了，你才会感到自己手头的时间充盈且有余裕。刚进职场时需要三个小时才能完成的资料统计任务，如今只需要两个小时或者更少的时间，那么你就有更多的时间与精力去从容地完成其他任务，你对待工作的态度自然也会更加积极与自信。

职场小路灯

● 学习时间管理的过程就像爬楼梯，从下往上一级一级地进阶。登得越高，你对时间的掌控就会越好，你的时间就会得到越有效的利用。

TOPIC
1–2
职场第一课·时间管理

根据自己的节奏来安排时间

● 你的生物钟与身体节奏影响着你对时间的把控力。

QUESTION

博士，我觉得自己有时难以集中精力，明明面对非常重要的任务需要全力以赴，但走神的状态时有发生，做事的效率很低，这是怎么回事？

ANSWER

不同的人在一天当中不同的时间段，精力的分布会有所不同。你要提高工作效率，我建议你先好好了解自己的生物钟与身体节奏。

你的生物钟与身体节奏影响着你的效率

绝大多数人不可能全天保持精力旺盛，也不可能在 8 个小时的工作时间里全程高效地工作。因为人身体的各方面机能，特别是思维机能、状态，并不是恒定的。**我们一天当中的身体机能就像波浪线，会有最高点和最低点，所以会导致我们做事的效率有时候很高，有时候很低。**另外，每个人工作效率高低的时间段是不一样的，有的人在早上做事效率最高，有的人在晚上才有工作的热情。

换句话说，每个人都有属于自己的生物钟，每天都有自己的节奏感。对刚进入职场的人来说，如果第一重要的事是要熟悉自己的工作内容，那么有必要把好好了解自己的身体节奏放在第二位。

既然生物钟与身体节奏影响着自己的办事效率，那么职场新人具体该怎么去了解自己的状态呢？这里介绍一个比较容易执行并且实践起来效果不错的方法，主要分为以下五个步骤：

（1）设定一个实验周期，如一周或一个月；

（2）记录每一天的工作详情，包括具体事项及执行时间、具体耗时多少；

（3）整理你记录的数据，把相同的工作事项的详情各自归类；

（4）对比同一件事情的执行时间和具体耗时，找出耗时最短的一次；

（5）整理出一份执行事项耗时最短所对应的时间段表格。

使用这个方法最后整理得到的即是你一天中办事效率最高的时段。使用这个方法还可以周期性地反复

根据身体节奏安排工作

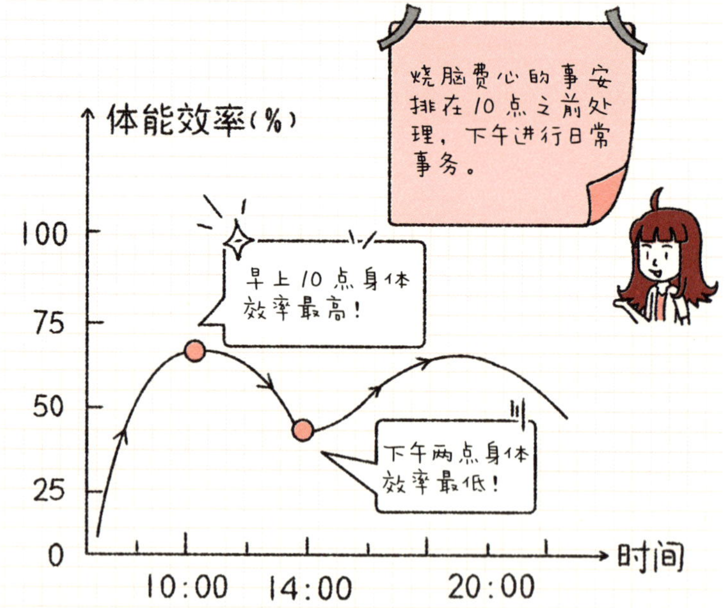

测试自己的生物钟与身体节奏，以便自己随时做出工作内容的调整。

根据你的节奏感来安排时间

一日之计在于晨。懂得把控时间的人往往会把烧脑费心的事情安排在上午 10 点之前这些高效的时间段来处理，而下午处理日常业务；不善于管理时间的人则会东扯扯西看看，把高能效的上午时间浪费掉，等到体能与精力下降时才开始做重要的事情，自然也就会产生无法集中注意力、工作进展缓慢的情况了。

职场小路灯

● 与其拿起纸和笔立马做工作计划，不如先好好了解自己的生物钟与身体的节奏，最大化地利用我们每天有限的时间和有限的精力，把事倍功半变成事半功倍。

TOPIC
1-3
职场第一课·时间管理

从目标开始的倒推法

● 目标不仅给我们动力，它还能为我们指明每一步该走向哪里。

QUESTION

博士，最近我很焦虑。去年年初制定的目标，到今年了好像还没有实质进展。以前也发生过这种状况，最后目标的实现也只能不了了之。

ANSWER

这种半途而废的情况的出现，是因为你没有对自己的工作进行有效规划。目标的达成阶段与期限如果过于暧昧，就会导致自己在主观意识上没有时间紧迫感，无限拉长期限，碌碌无为。给自己一个明确清晰的目标导向，你会更合理地安排工作。

给自己设定一个五年后的未来目标

作为一个职场新手，你也许不知道自己现在应该具体做些什么，但是你肯定想过以后要成为什么样的人，从事什么样的工作。那不如就从这里开始思考，再深入地想象一下，你在五年后会是什么样子。比如你想要成为一家有名的饭店的独资老板，请世界一流的厨师来掌勺，另外还有上百名员工一起帮你招呼客人。老板的角色你干得不错，深得员工的喜爱。

时间管理的四个等级

设定你的未来目标，可以帮你找到一个比较确定的方向。要注意的是，这个未来目标应该是具体的，比如在具体的时间、具体的地点，你具体在做什么，等等。通过逼真的想象可以坚定你的决心与动力，并让你行动起来。

由五年后的目标往前倒推两年

前面你已经设定了一个不错的五年后的目标，那时候的你很开心。虽然在现实中时间是不可能倒流的，但是我们的想象力超越了时空的限制。你已经知道了五年后的自己会在哪里，做什么工作，那么现在由五年往前倒推两年想象一下，三年后的你是什么样子？为了实现设定的目标，从现在起三年后的你应该在干什么？你觉得自己在那时候应该会是什么状态？比如你正在别人的饭店里当经理，学习着饭店管理的知识，或者你成了连锁餐厅的加盟商，生意顺利，日进斗金，正计划和筹备着自己开饭店，等等。总之，你正走在实现你设定的目标的路上。

如果你已经想清楚了自己三年后应该有的状态，还可以试一试把时间再往前推一段，比如两年后你应该在做什么？为了达到两年后的水平，那么从现在起一年后的你又应该在做什么呢？**这样，在反复想象和计划中更加明确自己的目标，让自己摆脱不安，找到方向。**

现在的你是否正在为你的将来努力

如果你已经认识了三年后的自己，想清楚了三年后自己在哪里居住和上班，甚至你已经想清楚了一年后的你正在干什么，那为什么不再加把劲好好省思一下你现在在做什么呢？你现在在做的事情对一年、三年、五年后的目标的实现有作用吗？有什么作用呢？这些都是很有必要思考清楚的问题。

既然你已经给自己设定好了一个不错的将来，你现在要做的就只剩下找对方向、付诸努力了。如果你现在的工作就是在为你的将来努力，那么恭喜你，并请抓住属于你的机会；如果你现在的工作和你的将来没有太大的关系，那就好好利用你在工作之余的时间，为你的将来做些积极的事情；而如果你在日复一日的工作中学不到自己想要的新技术，并且由于经常加班而没有业余时间充电，那么你的慌乱和所有的不安都是因为你从事了一份你不热爱的工作，你该为自己的人生目标做打算了。

职场小路灯

● 把控时间的目的就是为了实现你的目标。你的明天基于你今天的努力。时间倒推法能够帮助你有效分解达成目标的各个阶段，只要找对了方向并坚持努力，就能避免时间流逝却碌碌无为的情况发生。

TOPIC

1–4

职场第一课·
时间管理

把控时间始于规划

● 从规划到计划——“算计”好时间成本再投入生产计划。

QUESTION

从校园步入职场后，每天大大小小的工作任务让我应接不暇，下班后的闲余时间只想放空自己的脑袋。这样忙忙碌碌却又得过且过的生活，一度让我有些迷茫。

ANSWER

如此忙碌无章，是因为你没有对时间进行有效规划，因此工作计划也是混乱的，让你身心疲惫。我们可以把时间当作一种成本，先算好成本再开始生产，在某种程度上你就可以掌握工作与生活的主导权了。

规划的期限

查阅词典我们可以知道，规划一般是指比较全面长远的发展计划，是对未来整体性、长期性的考量并在此基础上设计的整套行动方案。因此，时间规划一般也是指一个较长时间的工作计划。

如何科学地为自己进行时间规划？从上一节我们可以知道，确定时间的期限可以防止目标的实现时间被无限拉长，因此，确定规划的期限是非常必要的前提。例如业务员小洋想在一年内当上业务部主管，那么根据她的实际工作和任务完成情况等多方面的达成状况，规划的期限有可能是一年。

将时间规划分解成工作计划

规划是一个比较大的概念，很难一步落实到实际行动中，因此需要将它分解成多个短时间的可行计划，才能方便操作。由此可以看到，时间计划和时间规划的区别在于，前者一般指较短时间内的工作计划，比如小洋今天要给 10 位客户打电话，那么时间计划可以是一天甚至只需半天。

接下来我们看看业务员小洋若想在一年内当上主

管，具体应该怎么做。主管并不是小洋想当就能当，他必须要向公司证明自己有能力胜任这个职位。怎么

长期规划的四个步骤

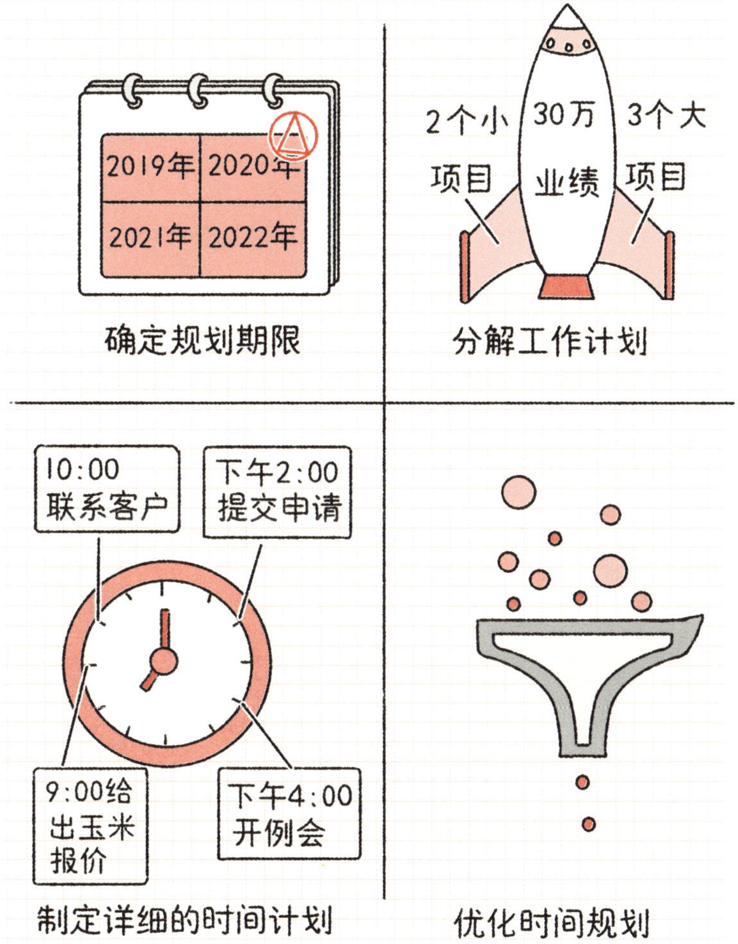

样才算有能力呢？——工作认真可靠，并拿出漂亮的业绩。若要获得漂亮的业绩就得有周详的工作计划。因此，分解小洋这个为期一年的时间规划可以按下面的几步走：

（1）明确自己的规划目标和期限。比如小洋决定在一年内当上主管。

（2）将大目标细化成多个小目标。如小洋要当上主管，不仅需要严守通勤纪律，还需要每个季度完成 30 万元的业绩。那么再具体到通勤方面，小洋需要将迟到次数控制在每月 3 次以下；业绩方面可以再细化到每月至少完成 10 万元。假设此时每笔小项目可赢利 2 万 ~3 万元，大项目有 10 多万元，为了完成月度计划，小洋就需要一个月完成 3~4 个小项目，或者完成一个大项目。

（3）将任务分配到每一天，并及时跟进自己的项目。如小洋这个月要完成一个大项目，那么这个项目每天的进度应该开展到哪里，需要做什么事情……这些都要制订好详细的工作计划。

制订详细的计划

在了解了自己的工作计划之后，你就可以将计划落实到每天的任务之中。可以将每天的任务简单地做成一个清单，但是要尽量具体，比如：

- 联系客户刘先生
- 给朱先生玉米的报价
- 提交对青菜的收购申请
- 开例会

为了督促自己及时地完成任务，可以将每一个工作计划的时间段都设定清楚。并不一定越详细就越好，设定时间在于凝聚你的行动力。比如：

- 上午 10 点联系客户刘先生，商谈签合同的细节。（备注：此订单关乎本月业绩。）
- 上午 11 点给朱先生玉米的报价，顺便把大白菜报价也给他。（备注：新订单的潜在客户。）

- 下午两点向林组长提交对青菜的收购申请。（备注：林组长明天出差，一周后回来。）
- 下午四点开例会，汇报当周的项目情况。

像这样，制订的每日工作计划不仅具有明确的指向性，还有时间段的约束性，会更方便自己去执行。

除了这样的清单罗列制订工作计划外，你也可以做成表格的形式，你甚至可以把制定好的表格打印出来以便查看执行情况。如此，每完成了一个小计划，就离完成大目标更近一步。

优化时间安排

制订时间规划和工作计划并不是什么难事，谁都能做。但是执行自己制订好的计划却不是件容易的事，因为会有很多因素阻挠你的计划的实施。例如：自身的惰性、经验的缺乏、外界的干扰、突来的任务……这些都会影响你的计划。

所以说，并不是有了时间规划、制订了工作计划，一切就稳妥可行了。而是要在一段时间内，通过执行制订好的计划，不断地对其进行总结、优化，并从中吸取经验教训；发现缺点、把一些不可取的地方去掉，下次不再走同样的弯路。**通过对计划中的重要部分不断修改，最终可以使有限时间内的计划内容更为合理丰富。直到制订出来的规划和计划在执行的过程中，对可能出现的特殊情况具备缓冲作用，并且让你感到一切都有条不紊、积极充实的时候，你就实现了对时间安排的优化。**

职场小路灯

●成本得到了有效控制，生产自然也更有信心。先实现有效规划你的时间并计划你的任务吧，消除杂乱无章的状态，才能积极面对每一天！

TOPIC

1–5

职场第一课·时间管理

度过时间管理的瓶颈期

● 从一条曲线正确看待瓶颈期，提升实行计划过程中的执行力。

QUESTION

博士，我想把工作中的每一件事情都做好，可是往往事与愿违。即使做了计划，执行起来还是会花费比预计更多的时间。我换了很多种时间管理的方法还是不得要领。我开始怀疑，付出真的会有回报吗？

ANSWER

“欲速则不达”，你想要获得回报，关键是看你在一个事情上能坚持多久，是否从中吸取了经验并优化你的行动。不要害怕瓶颈期，任何事情从入门到精通都有一个过程。

很多人都有过时间管理的想法和经历，但大多数人都失败了。你不明白为什么别人总是能保持良好的时间管理习惯，生活、工作都打理得有条有理。而自己今天用一个时间管理方法、明天用一个时间管理小技巧，却总是执行两三天就坚持不下去了，自己的时间依旧不知道花到了哪里。时间把控不成功，可能的原因有很多，比如对工作内容了解不透彻；解决方法不对症；外在阻碍太多等，**其中主要原因有两个：一是没有经常分析、优化你的时间管理方案，二是你的执行力太差。**

时间管理是一个过程

时间管理是一件讲究方法的事情，并不能一蹴而就。我们会在反复实践中获得经验，也会在执行过程中遭遇瓶颈。只有在过程中不断地分析，把不能对你的工作产生积极作用却又占用时间的因素一个一个地排除掉，优化自己的工作清单，才算真正懂得如何做好时间管理。

在学习和优化时间管理的过程中，我们首先要掌握“学习经验曲线”的运用。

“学习经验曲线”

很多职场新人对自己的时间进行管理，是想获得更好的工作绩效。但是多数人的时间管理都没有取得预期的效果，原因之一是没有了解时间管理及其效果就是一条学习经验的曲线。

经验是通过对同一件事情不断实践和学习而获得的。**“学习经验曲线”是指，个体或组织在一项任务中习得更多的经验后，会变得效率更高。**

就拿蔬菜公司业务员小洋来说，他打交道的潜在客户人数越多，联系的频率越高，在这个重复的过程中他就越能学到与人交谈的经验和技巧，在此后的工作中也就越能把握客户的需求，减少洽谈的时间成本，快速达成合作。

从“学习经验曲线”我们可以知道，由于你的经验不足，你的努力所换来的效果可能极其微小，甚至让你察觉不到。这会让你以为自己的时间管理没有效果。如果你没有分析其中的问题并优化自己的时间管理表格就放弃，盲目开始另一场时间管理的革命，就会陷入时间管理反复失败的旋涡之中。

学习经验曲线

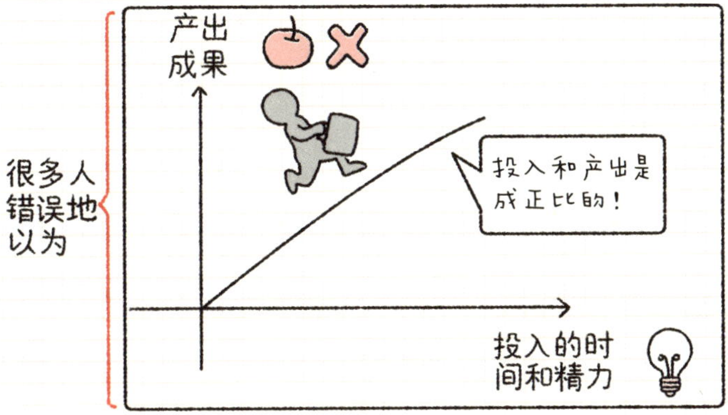

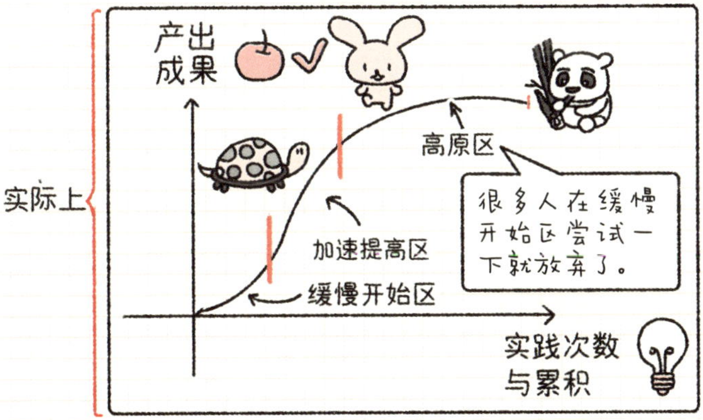

坚定的执行力

周围的同事们都在学习时间管理，小米也对此产生了浓厚的兴趣。她也跟着大家一起绘制了一个工作时间管理表，但坚持了一段时间以后，小米的热情慢慢减退，对自己制订的计划并未严格遵守，最后放弃了。同事们的工作效率在节节攀升，而自己还在原地踏步，这让小米更加焦虑。

从小米这里可以看到大多数人的一个通病，即个人的执行力弱。很多人都明白有效的时间管理可以帮助我们提高工作效率，但是不能将其变成习惯，并一直严格要求自己遵守，最终得到的就只是一次次的失败。

我们可以从以下几个方面提高自己的执行力。

（1）**对目标要有坚定的意志力。**

（2）**增强自己的责任意识。**责任感是提高我们工作执行力的首要条件。

（3）**做事不要拖拉。**拖延症是执行力的强有力的杀手。

（4）**从每一件小事做起。**将执行力运用到每一个工作细节中。

（5）**勇于创新。**打破自己传统思维的束缚，让自己执行力更强，效率更高。

职场小路灯

● 想把事情做好，遇到瓶颈并不可怕，可怕的是半途而废。只有在循序渐进的学习过程中，坚定地执行自己的计划并不断改进，相信付出就会有回报。

TOPIC

1–6

职场第一课·时间管理

认识并利用间隙时间

● 在同样的时间里你可以比别人做更多的事！

QUESTION

博士，我本来计划 8 点出门，8 点 30 分到公司，然后在 9 点之前整理好上周没有完成的文件，背几个英文单词。但因为堵车、等车和路途中所花费的时间都超出了预算，导致今天的计划被打乱，也没有时间背单词了。

ANSWER

等车和路途中超出预算的时间，其实又叫间隙时间。现实生活中因为各种情况所带来的阻力及意外，使我们无法做到一切按计划顺利进行，亦无法完全避免间隙时间的产生。但是记住，我们依然可以巧妙利用这些计划外的时间。

间隙时间又叫碎片时间，前面我们提到过，这些时间通常没有被事先安排任何工作，属于计划外的时间。一个人每天至少有 3 个小时花在了计划外的事情上，比如各种等待、路途中的移动等。大多数人在不知不觉中浪费了这些时间，如果你抓住了这些时间就相当于每天比他人多了 3 个小时。

这里主要介绍三种在我们生活中经常出现的间隙时间，分别是：

（1）两项任务之间的间隙时间。

（2）移动时间。

（3）提前完成任务后剩余的时间。

为了更好地说明、便于读者理解，下面我们以业务员小洋周一一天的工作安排和执行情况来仔细讲解一下间隙时间。

两项工作之间的间隙时间

小洋周一一天的工作安排

工作事项安排	计划耗时/分钟	开始执行时间点	结束时间点	实际耗时/分钟
更新项目情况	30	9：00	9：20	20
部门早会	30	9：40	10：00	20

（续表）

工作事项安排	计划耗时/分钟	开始执行时间点	结束时间点	实际耗时/分钟
给客户C准备报价清单	60	10：10	10：50	40
开发新客户	120	11：00	12：30	90
联系客户B预约见面时间	20	14：00	14：10	10
前往D公司	30	14：20	15：00	40
商务谈判→签订合同	60	15：10	16：00	50
从D公司回公司	30	16：10	16：30	20
总计一天的工作	60	16：40	17：40	60
下班时间		18：00	18：00	

从表格的第一列“工作事项安排”，可以看到业务员小洋在周一这一天安排了不少工作。接着请看表格的后面四列，并着重看一下第三和第四列，也就是“开始执行时间点”和“结束时间点”这两列。你会发现小洋在安排工作事项和具体落实时间的时候，上一项工作和下一项工作之间会有一小段的闲暇时间，比如：第一个事项“更新项目情况”，小洋安排了 30

分钟，从早上 9：00 开始执行，那么理论上，第二个事项“部门早会”的开始执行时间点应该是在第一个事项“更新项目情况”的结束时间点 9：30，但小洋为了计划更有余裕，把第二个事项“部门早会”的开始执行时间安排在了 9：40。于是，从“更新项目情况”的结束时间点 9：20 到“部门早会”开始的 9：40 之间，有了 20 分钟计划外的时间。像这样，上一项工作与下一项工作之间相隔的时间段，就是我们日常工作中最为常见的间隙时间之一。

这样的碎片时间，如果不加以利用往往就会被白白浪费掉。争分夺秒的人会把这样的时间并到下一项工作里使用，但是不少人在完成了一项工作之后，并不会马上进入下一个工作环节。若不想浪费这个时间，又想劳逸结合的话，可以用来做以下几件事情。

（1）**走动一下，喝杯水，或者去一趟洗手间。**这样既可以使自己在执行下一项工作任务的时候更专注，同时也放松了大脑。

（2）**花几分钟做眼保健操。**不仅可以恢复状态，还能更精神饱满地进入下一项任务。

（3）**为下一项任务做准备。**比如上例中的小洋在更新项目情况后有 20 分钟的间隙时间，那么可以以一种轻松的状态，把接下来的部门早会所需要的文件整理出来并预热一下。

移动时间

从表格第一列，可以看到小洋要去 D 公司进行一场商务谈判，从自己的公司到客户的地址预计需要花费 30 分钟，往返就是 60 分钟。路途上的这一个小时就是移动时间。移动时间也是间隙时间的主要组成部分。

如何利用移动时间呢？对于很多人而言，一天中的移动时间一般有 1~2 个小时，如果只是毫无目的地玩一玩手机、发一发呆，那么不知不觉中这段时间就被浪费掉了。其实我们完全可以利用移动时间来给自己充电。

（1）**浏览新闻。**与其毫无目的地玩手机，不如看一看手机里的新闻，尤其是与自己所属行业、职业相关的新闻事件。既可以扩展专业信息面，又能使自己与同行间更有共同的话题。

（2）**看书。**随身携带一本轻便的好书，在光线明亮、环境适合的时候可以读一读。如果觉得书籍携带不方便，同样也可以用手机阅读电子书。不要小看这

利用间隙时间

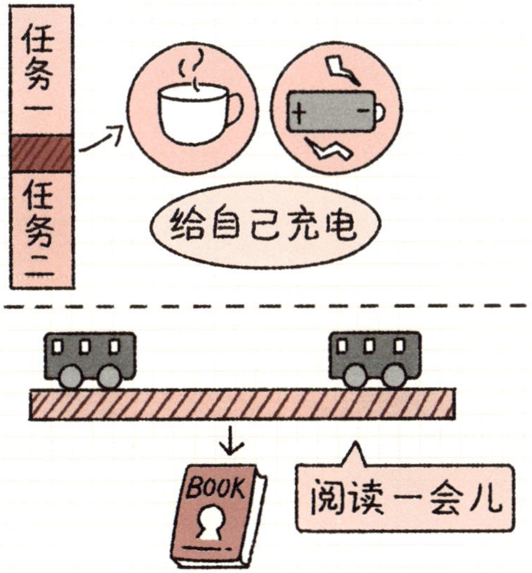

一两个小时的移动时间，设想这是每天的阅读时间，应该能够汲取多少知识量。疲劳的时候，还可以听一听舒缓的音乐配以阅读。

（3）**听课。**如果不习惯在移动工具上看书，那么听课也是一个很好的选择。可以听新闻、听微课、练习英文听力……当别人无所事事的时候，你可以抓住时间和机会给自己充电。

提前完成任务后剩余的时间

在大多数职场人士的眼中，任务完成之后多出来的时间都不会被重视，更别说会被充分利用。这些时间通常都会被白白浪费在一些借口或者一些与工作无关的事情上。人们最喜欢用到的、感到问心无愧的借口就是，“事情做完了，多出来的时间是自己通过努力争取的”。

同样的，请再看表格。对比一下第二列的“计划耗时”和第五列的“实际耗时”，你会发现小洋执行各项工作事项的实际耗时普遍都比计划耗时少。实际耗时少于计划耗时，多出来的就是碎片时间。而这样多出来的时间因为比较短暂，很难被充分利用。

但是再短暂的时间，也是珍贵可用的。针对提前完成任务后剩余的时间，有一种稳妥可靠、效果更好

三种间隙时间

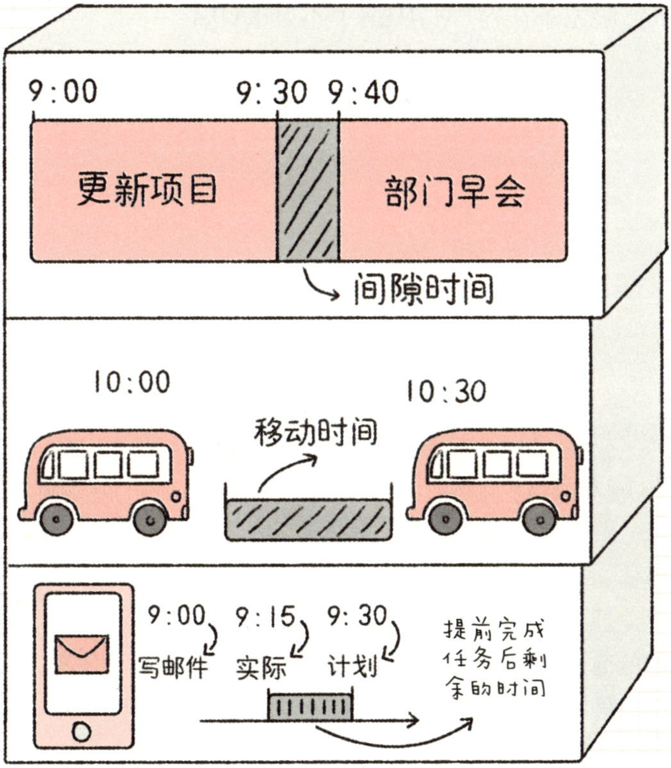

的利用方法：**完善上一项工作的结果。**比如客服部小米的工作计划上有“下班前回复客户邮件”一项，预计的执行时间是 30 分钟。但是在实际操作中，写邮件只花了 20 分钟，剩下的 10 分钟就是下班前多出来的碎片时间。小米用这 10 分钟仔细检查自己的邮件内容，及时发现了错别字和存在歧义的句子并修正了过来，避免了在客户心中留下不好的印象。

职场小路灯

●间隙时间存在于生活与工作的每个角落，稍不经意，它就溜走了，你就损失了。抓住它，就相当于抓住了更多可以利用的时间。有了这样的意识，剩下的就是要坚持行动了。

时间管理的诊断

给你的时间管理能力做一次大检查！

●对自己的时间进行管理的最终目的就是有效利用时间，从而提高工作效率，完成工作任务。但如果是不正确的时间管理，反而会得不偿失。因此，你需要定期对你的时间管理方式进行诊断。

如何对时间管理进行诊断

下面是一份适用于职场新人的时间管理诊断问卷，共有15个问题，每个问题有A、B、C三个选项，分别表示不同的频繁程度。针对每一个问题，请从A、B、C三个选项选择接近你的实际情况的一项。注意：你的答案应反映你的实际情况而不是你的理想情况，这个问卷结果的有用程度取决于你的答案的准确程度。

时间管理诊断问卷

序号	项目	A	B	C
1	你有时间管理的意识吗？	没有意识过	时而意识到	总是保持意识
2	你是否能为自己确定一天的工作量和工作时长？	不确定	偶尔	每天都会提前确定
3	是否按时间段分配自己工作？	没有分配过	分配了	分配了，且严格执行
4	留意过如何利用间隙时间吗？	没想过	偶尔会留意	每天都会留意
5	每天检查邮件的次数跟时间段定好了吗？	没有	定好了	定好且每天执行了
6	桌子上和抽屉里的资料能在需要时马上找到吗？	找不到	找的话肯定有	马上能拿出来
7	主要业务的时间期限有没有逐一进行设定？	没有	设定了	设定了，出现意外时能马上修正
8	是否能将翌日的工作表格化，并决定执行的顺序？	没有	时而能定下来	每天都会定好
9	为了保证按时完成任务，会把计划都安排好吗？	没有建立计划	时而建立计划	每月、每周都会计划好
10	活用了手账等时间管理道具吗？	没有用过	有在用	在用，且效率确实提高了
11	你有长久且坚定的目标吗？	没想过	没有	有
12	你经常反省自己是否正确安排时间吗？	没有在意过	偶尔	每天都会
13	你有感觉到自己的做事效率正在提高吗？	完全没有	说不准	感觉到了明显的提高
14	你清楚自己各项工作任务的耗时吗？	没有注意过	不是很清楚	清楚
15	你明白时间管理对你的工作意味着什么吗？	不清楚	大致清楚	提高工作效率

【评分方法】

选择A得1分，选择B得2分，选择C得3分。将你各题的得分加起来，从下面的结果分析中找到自己对应的分数段，即可以判断出自己的时间管理能力大概处于什么状况。

【结果分析】

35~45分，有很强的时间管理能力，时间管理效果良好。能有目的、有计划、合理有效地安排时间。工作效率很高。

25~34分，善于对工作时间进行管理，时间管理效果不错，但是在时间管理的方式上还有待进一步优化和提高。

15~24分，时间管理的有效性一般。在时间的安排和使用上缺乏目的性，因此计划性较差，时间观念较淡薄。

14分及以下，时间管理观念淡薄，不能合理地安排和支配时间。需要加强锻炼，逐渐掌握时间管理的技巧。

时间管理诊断结果

初步改进的小方法

如果所得的分数较低，则需要努力寻求改进的方法、增强时间观念了。牢记："最严重的浪费就是对时间的浪费。"那么，我们来看看时间管理切实有效的入门方法。

（1）制订时间的使用计划，并认真执行。以星期为单位制订一个较长的计划。每天要有“每日任务计划表”和“时间使用表”，严格地按照计划执行，并自觉进行检查和总结。

（2）记录和分析一天内使用时间的实际情况。将一天里所做的事情及对应的时间记录下来。然后进行分析，看看哪些时间使用得有价值，哪些时间是被浪费掉的。

PRACTICE STARTS

课后作业

基本

冰冻三尺非一日之寒。先从时间管理的第一阶段，培养有效使用时间的意识开始吧！

活用

试着规划一下自己的目标与实现它的期限，一点点把控住你的时间，向着你的目标前进！

面对堆积成山的工作，你会运用时间管理小锦囊应对自如吗？

刚进公司，是不是觉得工作量多起来就手忙脚乱？你是否容易被他人干扰？面对工序复杂的工作，做起来力不从心？看完这一章，这些问题就能迎刃而解啦！

纠正你对时间管理的认识

第2章

工作中的时间把控力

TOPIC

2-1

职场第一课·时间管理

任务清单是一天的导航

● 清单可以为你一天的工作保驾护航。

QUESTION

早晨来到办公室，粗略地想了想昨天没做完的工作和今天的待办任务，就感到头大！不知道应该从哪一件开始做起……

ANSWER

一整天的工作有点像开车，目标是目的地，任务清单则是导航图。你得先理清思路再干活，列一份清晰的任务清单会让你效率更高。

到公司不要急着开机

很多人还没弄清楚一天要做的事情就打开电脑工作，觉得自己这样是在抓紧时间，争分夺秒。事实上，这是一个错误的认识。到公司的第一件事情应该是先理清楚一天要处理的事情。磨刀不误砍柴工，理清思绪再开始做事可以让自己一整天都有条不紊地工作，不仅会弥补开电脑前梳理思绪的时间，还会大大提高你的工作效率。

大部分人的工作状态是想起来做什么工作就做什么工作。在工作量小时勉强可以完成任务，一旦工作量大起来，就像“毫无准备就上场的士兵，被满天炮火轰得四处乱窜”。另外工作量大的时候，人的大脑会因为紧张而选择性地遗忘很多事情。好记性不如烂笔头，这个时候把要做的事写在纸上才是明智之举。

在纸上写上待办事项

罗列任务清单最合适的时间就是在你开电脑之前。这个时间段你还没有进入忙碌的工作状态，思维还没有被各种事务占据，对一天应该做的工作有比较清醒的认知。在写待办事项时注意以下几点即可。

（1）考虑事情的重要性，把要完成的工作罗列完整。

（2）如果前一天有未完成事项，建议写在清单的最前面。

把一天的工作事项全部罗列出来之后，先不要着急开始。每天的工作都有轻重缓急之分，你必须要先好好分析你罗列出来的任务清单，排好先后顺序。把重要的事情、高收益的事情要优先安排，接下来就要

到公司不要马上开机

确认你有多少时间完成清单上的事项。

给清单上的任务设置时限

列好清单之后要确认好自己的下班时间。**确定下班时间是为了让你知道自己总共有多少时间可以用来处理工作，让你知道如何分配各项工作。再为清单上的各个事项设置截止时间。**注意以下几点。

（1）根据自己以往的工作经验，为一些事项设置好大致的完成时间。

（2）切记不要将各项工作的时间安排得过于紧凑，让时间更富有弹性一些，给每项工作之间留有一定的缓冲时间，便于应对意外状况或用来休息。

最后一件事就是在完成工作计划的过程中，要记得查看任务清单。这样既可以起到提醒自己的作用，也可以间接提高你的工作效率，帮助你度过繁忙而有序的一天。查看的频率没有标准，可以在你感到疲惫的时候查看，或者在完成一项事项的时候查看。

"凡事预则立，不预则废"，工作清单帮助我们对工作中的事项进行了系统的确认，还无意中提高了我们对工作信息的把握能力和对时间的把控能力。

职场小路灯

●工作任务清单是一天工作的导航，罗列清单可以让你工作有方向性，忙而不乱。从今天起，让你到公司的第一件事从开电脑变成列工作任务清单吧！

TOPIC
2–2
职场第一课·
时间管理

25 分钟内只做一件事

● 把时间分成小块使用更能提高效率哦！

QUESTION

博士，我感觉自己最近的工作都是断断续续的状态，自己注意力不集中，容易导致每件工作都不能完成得很好。

ANSWER

我知道一种非常有效的方法可以帮助你明显提高工作效率，那就是把整块的时间分割成多个小段时间来使用，并且一次只做一件事。

大学时代写期末论文时，一周的期限总是拖到最后一天才熬夜写完。在进行工作安排时，像“上午做什么、下午做什么”这种粗略的安排或许可以用来跟上司交代，却不能向自己的工作交代。

在进行时间管理和规划的时候，很多人习惯以一个月、一个礼拜，或者一天为时间单位。实际上，我们在工作过程中，还可以以一个更短的时间段为时间单位，比如时间管理规划以 25 分钟为单位，把大块时间进行分割，灵活运用以提高工作效率。如果能把写论文实际所需时间分割成几个 25 分钟，就不需要到最后熬夜才能写完了。

番茄工作法

番茄工作法因其“简便易行”的特点被人们熟知。它最初是由弗朗西斯科·西里洛于 1992 年创立的一种时间管理方法。**它的简便性体现在你只需要三样东西即可：一份清单、一支笔和一个计时器。这个计时器也叫番茄钟。**

番茄工作法的核心在于“一次只做一件事”即在 25 分钟内专注进行高质量的工作，然后拿出 5 分钟的时间休息，如此循环下去，直到将这件工作完成。换言之，“不是以事情去划分时间而是主动地将时间划分”。运用番茄工作法可以很好地预防拖延症以及提高自己做事的专注力。

如何在工作中运用番茄钟

运用番茄工作法和我们每天列清单是完全独立的两件事情，你列出清单后不用每一件事情都按照番茄工作法来进行，灵活地选择几件即可。另外你还可以每天定 1~2 个小时作为自己的番茄时间，比如因为你今天下午需要集中整理出业界资料，那么你可以在下午的 15：00~17：00 为自己设置 4 个番茄钟，每 25 分钟休息 5 分钟，保证自己集中地完成工作。需要注意的是，番茄工作法也有自身的一些局限性，不是每一件工作都适用，它更适用于短期、高效类的工作。所以我们需要根据具体情况来选择。

小洋的今日清单上写了一项“写好与 A 公司的协议书”，写协议书是一件考验人的思维缜密度的工作，

番茄工作法

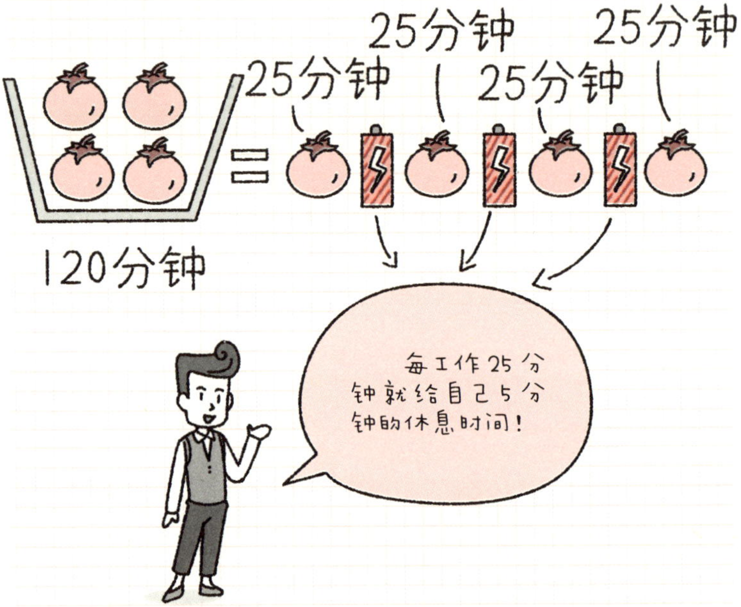

每一项条款都要详细列出，不能有遗漏。于是小洋决定用番茄工作法来完成这件工作。首先，他对合同拟定这一件事项进行步骤划定，分别是拟定我方条款、拟定他方条款、两方注意事项、核对检查这四个部分，小洋预估的时间是前两个步骤各用两个番茄钟，后面两个步骤各用一个番茄钟完成。这样在每一个番茄钟进行时，小洋都集中精力完成自己设定的每一个步骤。

运用番茄钟时的注意事项

番茄工作法在运用的过程中也有一些“规则”，主要有以下两点。

（1）工作中要注意劳逸结合，每工作一个番茄钟要进行 5 分钟的休息，恢复精力。

（2）一个番茄钟的时间内工作不能中断。一旦开始单位时间内的工作，就不能以任何理由中断，以保证自己可以集中注意力。

在我们判断一个时间管理的方法是否可行时，我们首先了解这种方法适合在哪些情况下运用。

番茄工作法也是如此，它可以有效地提高我们对一件事情的专注度，它简单的运用方式为我们提供了很大的方便。我们也要了解其规则和运用方法，发挥其最大的作用，提高我们对于时间的把控力。

职场小路灯

●番茄钟在提高专注力方面显著有效，在工作过程中，如果时常感觉到被打扰，专注力差时，不妨就拿起手机设置几个番茄钟，开始专心于你的工作吧！

TOPIC
2–3
职场第一课·
时间管理

分解大任务靠小动力完成

● 可以把大而复杂的任务分解成小而简单的任务来各个击破。

QUESTION

博士，我最近手上有一个工作量很大的任务，巨大的工作量让我感到焦虑，总觉得以自己的工作经验根本不可能完成。这样畏惧的心理还影响到我的工作进度以及工作效率，我该怎么办呢？

ANSWER

其实大的任务也是由小的工作组成的，这个时候就要考验你“分解”工作的能力。运用科学的手段分解你的工作，让大任务变得更加容易进行。

遇到难度高、工作量大的任务时，我们应该将大工作量的任务分解成小目标。通过这种方式，可以让你每次看到清单，就能意识到每天需要完成的任务跟大目标之间的联系，很多让你觉得无意义的小工作在大目标面前就有了意义。关于如何在实际工作中使用分解工作的方法，主要有三个步骤：确定工作总量，进行任务分解，保持低马力逐一击破。

确定工作范围

明确工作范围是第一步，也是关键的一步。确认工作范围要从接到任务起就了解相关要求、确定相关时间、了解成品要求等。小洋最近接到了公司为他安排的“月目标”，即一个月完成 20 万元的销售额。小洋刚进公司两三个月而且没有稳定的客户源，这对他来说是一个大难题。小洋冷静下来后想到，应该先确定好自己的工作相关资源。于是，他先是收集了公司的蔬菜的定价、热销蔬菜品种，以及公司的特色蔬菜套餐等，然后通过向项目组长询问得到几个稳定的客户的联系方式。虽然才确认一些小问题，但是小洋总算可以舒一口气了，因为自己总算迈出了第一步。掌握好相关要求，实现统筹兼顾，为下一步的任务分解工作提供可能性。

将任务分解为小目标

这一步是最重要的一步。你已经清楚了自己总共要干多少活，而且还做好了前期工作，接下来就得分解工作，就好比把一个大西瓜切开来吃一样。今天打算吃多少，明天想吃多少。进行工作分解比“切西瓜”要更困难，其中最重要的一个原则就是要找准分解节点。小洋抓住了两点重要因素：客户的数量和客户的订单量。在小洋看来最理想的情况是：搞定5个客户，每个客户的月订单量在4万元左右。不过这也只是小洋的初步“分解”想法，因为每个客户的月订单量不可能一模一样，只能说向4万元的数字靠近，一旦少于或者多于4万元，可以再进行内部调整，即增加或者减少客户数量。就像这样，可以将一个工作量很大或者难度很大的任务分解成一些轻巧、简单的任务。而分解的关键在于找准这些小任务之间的节点。小洋每天下午的两点到三点打电话开发新客户，并给自己制定了一个星期开发两个新客户的小目标。

分解大任务 靠小动力完成

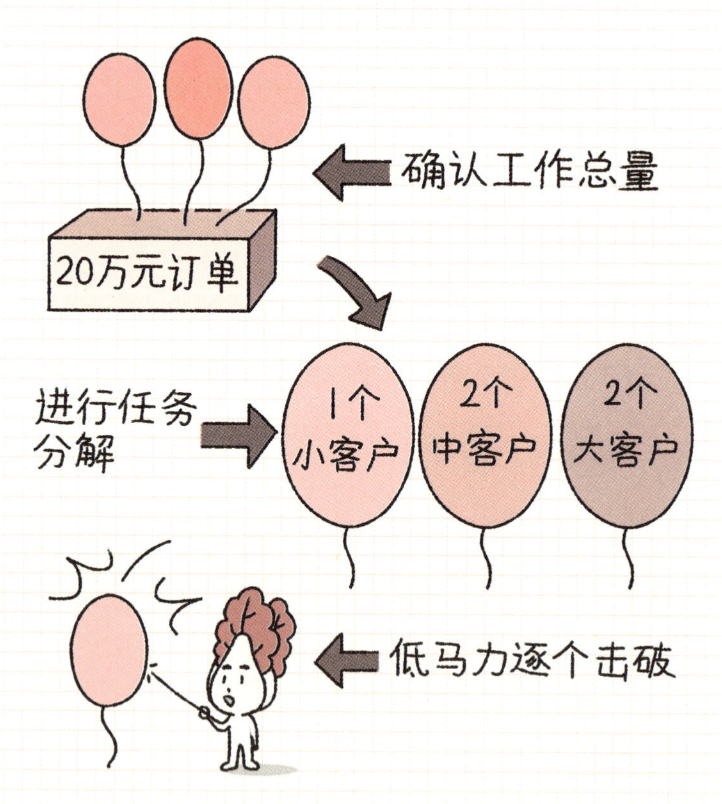

像这样在一个大任务中，各部分任务之间没有必然联系的“关系”，就是任务节点。找准任务之间的节点，是顺利分解任务的保证。分解工作的方法有很多，你可以根据自己的记录习惯，制作成一个整整齐齐的表格，也可以画成一目了然的树状图等。

保持低马力逐一击破

将大而复杂的任务分解成多个小任务后，你内心的担忧和恐惧就会被消解掉。接下来你就需要将分解后的任务落实到每天的工作计划当中，且坚持不懈地低马力逐一击破。比如小洋确定了每周开发两个新客户的目标之后，每一周都会提前准备好客户资料并且及时交涉。20万元订单看起来就给人很大压力，但是一个星期开发两个客户似乎不是什么难事，每天只需要花一个小时差不多就能做到。小洋不仅把公司的蔬菜项目了解清楚了，还提高了自己对于时间的把控能力，再也不畏惧公司给出的销售任务带来的压力。

经过分解的任务不但不会让你感到无法完成，还能每天提醒你，你的工作不是一些琐碎无趣、不得不执行的紧急任务，而是自己计划的产物。依次完成小任务，依次叠加你完成任务的成就感，会让你在面对大任务时更加自信！

职场小路灯

●越是庞大、复杂的工作，开始时需要的动力也就越大，将大任务成功分解成小任务之后，只需要一点点动力就能开始。然后通过逐一分解蚕食各个细分项目，工作就能一点点地按计划完成。

TOPIC

2–4

职场第一课·时间管理

同类事务整合处理效率骤增

● 一次性处理相同类型的事务可以提高你的效率。

QUESTION

博士，我最近时间的把控力有所提高，但最近又有一个新难题：对于不同的工作事项中同一件杂务反反复复地处理，浪费了不少时间，工作效率还是提不上去。您说是不是我做事的方式有问题呢？

ANSWER

每天的工作中，每一件具体的工作事项中要处理的程序多且杂，但是仔细分析这些杂事你会发现，很多件杂事的性质是相同的。把同一类工序集中起来一起处理，效率自然会更高。

在你的任务清单中，不同的任务中有着相同的工序，如联络、打印、查资料、整理资料、写申请等。

按照有些人的工作方式，就是不停地重复这些相同的工序，但是真正的职场老手会采用一种更加有效的方式来处理，那就是整合处理。具体该怎么使用这种方法呢？可以按“罗列要完成的事项、拆分作业实施工序、做好工序分类标记、同类作业整合一次完成”四步走。

罗列要完成的事项

如果你想对你的工作事项进行分类，那么第一步工作就是罗列你当天要完成的事项，和前面提及的列出任务清单一样，这一步工作是我们必须要做的。

小米在客服部工作，主要是负责蔬菜的售后服务的工作，主要的工作内容是每天收集一些客户的建议并整理。客服部的工作事务最大的特点就是事情多而且烦琐，这个时候就需要把要做的事写在纸上。

需要注意的是，不是每一件琐事都要罗列，只要罗列出每日最重要的几件事情即可。这也是后续拆分工作的基础。

拆分作业任务所需工序

每一个任务都有许多工序，这个不难理解。小米今天的主要任务是分别和客户A、B、C沟通，收集他们对蔬菜新鲜度、运输以及蔬菜品种的要求，再将他们的意见各自输入电脑并打印出来。这个时候小米要经过这几道工序：和客户交谈以及交换意见、将客户的意见输入电脑、打印、提交给上级这一系列的工序。简言之，就是小米要重复三次上述的程序，那么还有更加效率的办法吗？小米想到了拆分任务所需工序，于是小米想改变自己的做事方法。她将这项事务拆分成三步，依次是：联络、资料整理、打印。这让小米更加清晰自己要完成的任务的脉络，在便于统筹的同时也提高了自己对时间的把控能力。

同类事务整合处理

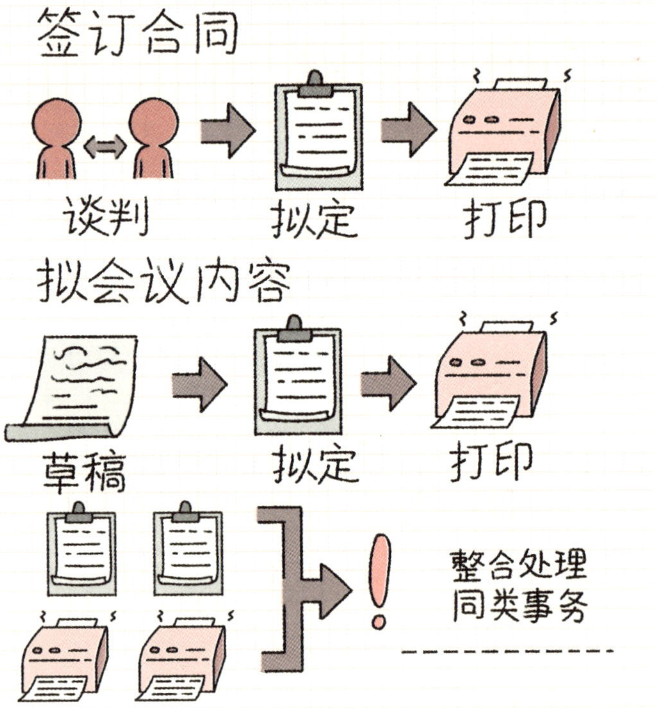

做好各项工序的分类标记

拆分好任务工序后，要进行分类，把同类事务整合在一起，按联络、资料整理、打印标记起来，比如把所有需要电话联系的事务整合到一起，标上“联络”的记号；把所有要打印的文件整合在一起，标上“打印”的记号；把所有需要查找资料的工作整合到一起，标记“查资料”的记号；把所有需要写申请的工作也标上“写申请”的记号。**做标记的时候注意要仔细，不要遗漏。做好标记之后你还可以写一个简单的时间安排，把什么时候做哪一类事务的时间确定好，并估算一下多久能完成一道工序，这样做效果会更好。**

同类作业整合一次完成

当你罗列出清单、拆好工序、分好类并做好标记后，你对自己一天的工作任务可以说能做到了如指掌、铭记于心了。剩下的工作即是按照这些标签来执行任务。

采用同类事务整合处理的方法可以让你的工作效率再上一个层次，可以让你在更短的时间里完成任务或者在相同的时间里完成更多的任务，也可以让你从你的工作中获得更多的个人回报。

面对重复性高的琐事不能有“做一件算一件”的消极态度，这样做容易打断我们的工作思维，让我们的工作效率直线下降。列出这几件事项重复的具体步骤，将这些步骤进行整合处理，学会“走捷径”。养成整合处理的好习惯，处理起事务来事半功倍！

职场小路灯

●学会整合处理会让你工作起来有“捷径”可走，提高你对时间的把控力。时间得到更加有效的利用，让你向有经验的职场老手靠近。

TOPIC

2–5

职场第一课·时间管理

彻底排除工作中的干扰

● 排除干扰你才能心无旁骛，提高有限时间内的工作产能！

QUESTION

博士，我总觉得公司的干扰实在是太多了，不管是集中时间还是集中精力去处理事情都很难，总是主动或被动地受到干扰。我到底如何才能让自己的工作环境变得“清静”呢？

ANSWER

公司是一个大集体，每个人的工作进行时间都会有差别，我们可以通过以下将要介绍的集中模式来排除干扰因素，做到有效使用时间！

当你想要埋头苦干，处理业务的时候。突如其来的各种电话、同事有心无心的各种搭话等妨碍你集中注意力的事情总是一件接一件地发生。不仅打乱了你的计划，也消耗了你想要做事的激情。因此，我们应该每天给自己设置几个小时的集中模式。

工作中常见的干扰

我们在每天的工作中常见的外界干扰有以下几种。

- 各种打进来的电话
- 周围同事的各种活动
- QQ 或者微信上的各种信息提示音
- 临时性的邮件
- 临时会议、工作

干扰的存在是导致工作计划进展缓慢的主要因素，并且不可完全消除。为了确保工作的顺利进行，我们只能采取措施尽量减少和避免工作中的干扰。

减少外界干扰的措施

- **戴耳机。**很多时候，我们都不能决定自己所处的环境，工作中也一样。工作环境不是你一个人可以决定的，你不能要求所有人保持安静让你可以好好做事。但是你能管好你的耳朵，在你需要集中精力和时间去工作的时候，戴耳机会是一个很好用的方法。

- **口头交代。**有时候，口头交代也不失一个保证自己可以开启集中模式的好方法。如果碰巧你在公司的人缘很好，同事总爱找你聊天，让你工作中断，你可以礼貌地直接告诉对方你正在处理一个棘手的工作，不方便聊天。当你真的要集中精力处理一件事的时候，真诚地交代一下别人不要打扰你，他人也不会介怀。
- **挂牌。**用挂牌的方式提醒别人不要打扰你是最直接有效的方法。如果你有一个独立的办公室，可以备一个“免打扰”的牌子，工作繁忙时就将牌子挂在门上，倘若有人来找你，也会明白你的用意。又或者在电脑上方贴上“聚精会神处理重要事情中，稍后联系”，然后戴上耳机继续工作。幽默的口吻会让同事忍俊不禁，并心领神会不忍心打扰你。需要注意的是，使用这种方法最好是在知道上级不会有事来找自己的前提下。

- **关闭提示**。电话铃声、QQ、电子邮件等的提示音和其他弹出框会产生不必要的噪音和视觉干扰，这也是工作中最常见的干扰。处理此类干扰，最好的办

减少干扰的工作方法

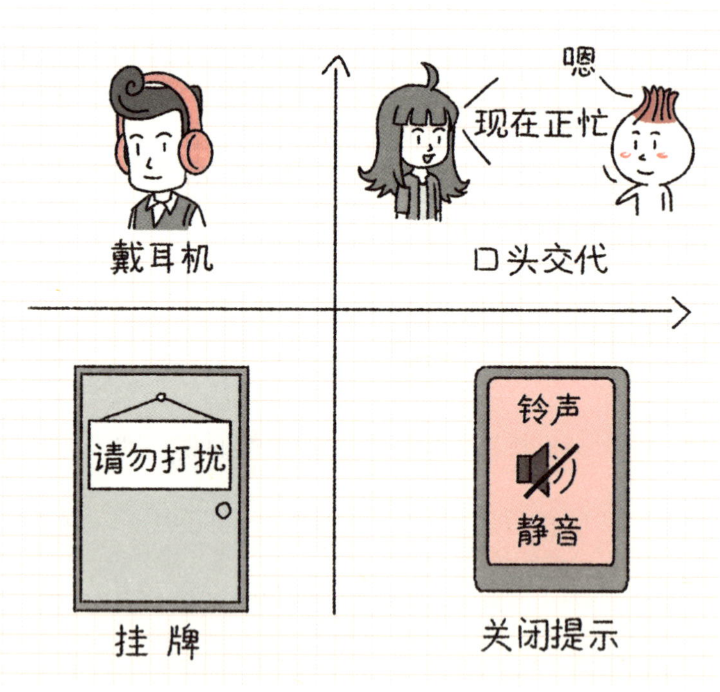

法是尽可能禁用弹出框和提示音，将手机调成振动模式并放置在不会干扰自己注意力的地方。取而代之的是以合理的时间间隔查收电子邮件或语音邮件消息，比如每小时查收一次。

- **更换办公地点。**若是遇上需要马上处理的任务，绝对不能受到打搅，那么在不能百分之百确定不会受到干扰的时候，可以带上你的笔记本电脑去一个安静的办公地点，加急处理要务。公司的会议室，或者没人的休息室，都是可以考虑的地点。

开始专注的工作状态

保证工作效率的最佳方法就是专注。大多数抱怨自己花了很多时间，工作进度上却没有明显进展的人，主要原因之一就是没有进入一种专注的工作状态。所以，要高效使用时间，首先要进入“专注”的状态，其次是保持这种状态进行工作。

如何进入“专注”状态

让自己进入专注的工作状态的方式有很多，比如：闭目深呼吸几次、听纯音乐、冥想几分钟等。每个人进入状态采取的措施可能都不一样，可以先通过前面的章节介绍的方式了解自己的生物钟与身体的节奏，找到适合自己的方式快速进入集中精力的状态。

如何保持“专注”状态

进入状态是开始，保持住状态才是做事高效的保证。以下几种方法可以有效地让你保持“专注”的工作状态。

（1）把大任务分解成多个耗时耗神较少的小任务去处理。可以直接运用前面介绍的分解复杂工序的方法。

（2）一次只做一件事情。运用番茄钟，集中对一件事情的注意力。

（3）留出适当的休息时间用来恢复体力，休息是为了更好地工作。

（4）打造无干扰的工作环境。主动避免干扰，主动把控时间。

职场小路灯

● 外界的干扰时刻存在。必要时可以积极地采取适当的措施去避免干扰，让自己每天都有一段时间可以高度集中注意力，以确保工作进度的有效推进。

整理自己的标准时间

做事要有自己的标准时间！

●工作中，同一件事情，交给不同的人来做，完成的时间也不一样。这是因为每个人对处理同一件事情的标准时间不同。标准时间就是你正常处理一项工作所需要的时间的长短。整理自己的工作事项的标准时间，可以让你更好地安排自己的工作。

为什么要整理出自己的标准时间？

很多职场新人在进行工作安排的时候，对各项工作所需要的具体耗时把握得不准确，这也是造成时间浪费的一大原因。下面是业务员小米周一一天的时间使用情况。

小米周一一天的时间安排

工作事项安排	计划耗时（分钟）	开始执行时间点	结束时间点	实际耗时（分钟）
确定任务清单	30	9：00	9：20	20
更新项目情况	30	9：40	10：00	20
给客户C准备报价清单材料	60	10：10	10：50	40
新客户开发	120	11：00	12：40	100
更新客户资料	20	14：00	14：10	15
前往D公司	30	14：30	14：50	20
商务谈判，合同签订	60	15：00	16：00	50
从D公司回公司	30	16：10	16：30	20
总结一天的工作	60	16：40	17：40	60
下班时间		18：00	18：00	

什么是标准时间？**标准时间是在正常的操作条件下，以标准的作业方法、合理的劳动强度和速度完成符合质量要求的工作所需的时间。**标准时间可以作为今后的时间安排计划的参考，同时也为自己提高效率明确了目标。

从表格中，我们可以看到业务员几乎在每一项事情上的时间安排都做不到完全精确。事项的时间安排与实际耗时相差太多，造成的后果当然就是白白浪费了不少好时光。确实，工作中有些事情执行起来，所需时间多少很难精确，比如于表格中的“商务谈判”，有些客户容易接触也有些客户不好打交道，时间无法确定。但是工作中也有很多事情需要花费的时间是可以大体预估的，比如表格中的“确定任务清单、更新项目情况、更新客户资料”等，这样重复性较高的事项，每天整理资料所需的时间大体上都可以确定。

对于重复性较高的事项，我们是可以整理出时间标准的。**具体的做法是，根据自己的长期经验，慢慢把握自己在每项工作任务上实际花费多少时间，进而整理出一套自己在各项工作上的标准时间。**

整理标准时间的 5 个参考前提

（1）正常的工作条件。工作条件及环境都符合作业内容要求。

整理出自己的标准时间

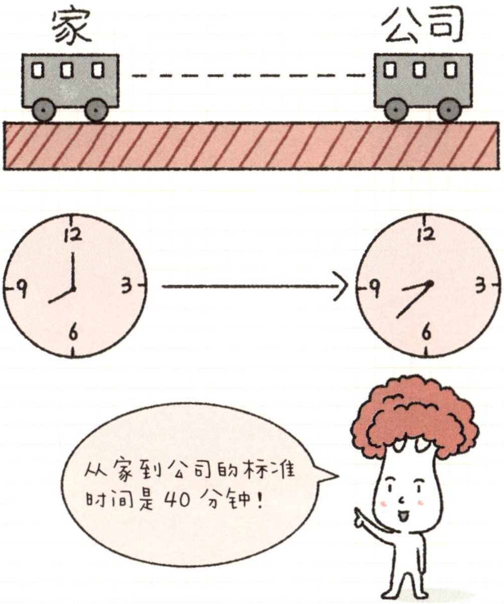

（2）熟练程度。根据自己对各项工作的实际实践，以一段时间的数据统计为主要参考。

（3）作业方法。作业标准规定的正常梳理。

（4）劳动强度与速度。劳逸结合才能使我们工作更舒心。

（5）质量标准。以产品的质量达标为基准，基本原则是通过自检完成。

整理标准时间的 9 个步骤

（1）以一天为一个数据采集周期，设定一个实验期限，如一个月。

（2）罗列出相关工作项目。

（3）填入每项工作的目标时间。

（4）开始正式处理工作，并记录时间。

（5）处理完成后，记录实际耗费的时间。

（6）目标达成了打钩，没达成打叉，并为自己完成的满意度打分。

（7）填入完成的经验 / 没完成的教训。

（8）不断地重复步骤（2）至步骤（7），一个月期限满为止。

（9）分析一个月的实验数据，整理出适用于自己的标准时间。

整理你自己的工作标准时间是科学管理时间的重要工作。整理自己的标准时间并对其合理利用，能为你安排任务所需时间提供合理的依据，同时也能为你提高效率设定目标。

PRACTICE STARTS

课后作业

基本

停止抱怨工作量太大，工作琐事太多。现在从自己的第一份工作清单开始吧！

活用

将工序复杂的一件工作拆分成多个步骤，可以整合一次性完成，提升你对工作中每一件小事的成就感。

职场和生活如何平衡？生活中的时间管理小妙计！

除了工作上繁重的任务，你还被生活上的琐事压得喘不过气？看到自己凌乱的房间加重了郁闷的心情？学会做饭也能提高自己的时间把控力！

纠正你对时间管理的认识

第3章

把握自己的生活时间

TOPIC 3–1

职场第一课·时间管理

节省时间请从处理杂物开始

● 学会断舍离，让生活简单又舒心。

QUESTION

我平时喜欢购物，各种各样的物品填满整个房子。有时候找个东西要花几十分钟甚至更久的时间，而且杂乱的生活空间常常让我感到焦虑。

ANSWER

很多人的房间堆满各种东西，每天都会在杂乱的物品中花费大量的时间寻找自己要使用的那件。其实生活中有许多不必要的东西，不妨将这些不需要的物品捐赠或者处理掉。

或许你会有这样的感受，身边总是堆积了各种杂乱无章的物品。如不会再穿的衣服、不再时髦的装饰品、没用的礼品等。这样的生活环境容易让我们心情焦虑。此外，单单是找东西，就会浪费我们很多时间。从现在开始，如果你想有时间过自己想要的生活，请处理掉一切妨碍你快乐生活的杂物。

既然要处理掉那些生活中会浪费我们时间的冗余物品，首先要想的是哪些杂物会浪费时间。既要考虑物品的价值，也要考虑物品的作用。在每个人的生活中，都会有一些东西是毫无作用的，比如已经不能用的笔、各种精巧的包装盒；也有一些看起来很不一样，但是作用一样的物品，比如有的人家里有 4 个甚至更多的保温瓶，一个人需要 4 个保温瓶吗？**那些有相同作用的东西，留一两样就可以了。减少你生活中物品的选择项，反而更能节省和把控时间。**

断舍离也要讲究顺序

既然已经清楚了哪些物品是需要处理的，下一步就是舍弃不需要的物品。舍弃物品需要讲究顺序。

先丢不再穿的衣物。小米有很多衣服，其中有些衣服已经很少再穿，甚至几年未穿，很占地方。另外，衣服太多，每次出门找衣服、选衣服都要花费很多时间和精力，让小米觉得自己的生活时间经常不够用。她将那些不常穿的衣物通过捐赠、送人、丢弃等

处理好你生活中的冗余物品

凌乱的房间让你处于一直找东西的状态！

保持整齐的状态会让你更快找到东西！

方式处理掉后，不仅节省了空间还节省了找东西的时间。

再丢失效文件。工作时间一长，各种各样的文件会挤满你的文件夹和办公桌，每次找个文件都需要花很多时间。工作时间被占用，工作就会占用你的生活时间。其实有很多文件早已经失效了，可以一并处理掉。学会整理文件夹，还自己一个干净、整洁的办公环境。

如何整理出一个“省时”的空间

使用收纳箱和收纳盒

仅仅是尽量减少生活中的无用物品，还不能保证生活环境的整洁。生活中常用的、必须的物品如果不加以整理，我们的生活空间依旧会很乱。

使用收纳箱和收纳盒将生活物品进行分类整理是整理“省时”的空间的好方法。在这个方面，小米很有经验，小米将生活物品分成药品、化妆品、文具等类别，每一个类别用一个收纳箱整理在一起。这样分类整理，无论是要用什么，很快就可以找出来，节省了很多时间。

●将常用物品放在外层

在使用收纳箱和收纳盒的时候，虽说是同一类的物品放在一起，但就算是同一类物品，在收入收纳箱的时候，最好是按照常用物品放在外层的原则来整理比较好。例如当季的衣服放在最外面，这样就可以最大限度地减少寻找的时间。

职场小路灯

●每天花在做选择上的时间越多，就越没有自己的生活时间。减少选择的苦恼，节省时间。把每天不多的一点生活时间用在那些更加有意义的事情上，才是明智的生活态度。

TOPIC

3–2

职场第一课·时间管理

生活中的隐藏书架

● 好好留心生活中的隐藏阅读空间。

QUESTION

为了在上班之余充实自己，打算看一些自己喜欢的书。但是我惊奇地发现自己根本没有时间阅读，上了一天班回到家身体疲惫，自己根本不能在书房静下心来阅读一会儿。

ANSWER

并不是规规矩矩坐在书桌前看书才算“看过”书，其实生活中有很多的“隐藏书架”。找出你生活中的这些书架并加以利用，你想扩充知识的愿望就会慢慢实现啦！

读书本来是一件非常容易做到的事情，只需要满足两个条件就可以了，那就是时间和可阅读的内容。找个时间拿上一本喜欢的书，到任何地方都可以读。

你之所以觉得读书难，是因为没有发现生活中的一些“空间”也可以用来读书，比如公交车上、床头，甚至是厕所里，这些空间都是生活书架。**所以从现在开始，停止抱怨没有时间、空间，留心生活，利用空间，开启你的阅读模式吧。**

公交地铁是个移动书房

公交和地铁几乎是我们每个人每天都会用到的交通工具，选择携带什么样的读物可以根据乘坐交通工具的时间来选择。如果乘坐的时间在一个小时以内，你可以选择当天的报纸杂志或便于携带的小书来阅读，或者用手机和平板电脑浏览相关新闻，最好是阅读能“快速消化”的知识。如果乘坐时间在一个小时以上甚至好几个小时，你就可以选择小说以及其他的阅读层次高一些的书籍，因为这时候你有足够的时间去“消化”这些知识了。

当然，我们完全可以根据自己的兴趣选择阅读的类型。这样就不用担心自己没有足够的时间去阅读，还可以缓解你上下班过程中的疲劳，不失为一举两得的好办法。

生活中的隐藏书架

床头是个固定书架

如果你真的想在工作之余找时间看书，床头这个隐藏的书架一定要好好利用起来。在床头放几本或者至少一本计划要看的书，每天入睡前放下手机，拿起书来看一看，这样既可以增加自己的阅读量，又能帮助睡眠。

这里有3点小建议。

（1）睡前阅读轻松类的书籍，可以有效缓解工作一天的疲惫感。

（2）你可以在床头柜的抽屉内放置5~6本不同类型的书供自己选择。

（3）尽量选择柔和的灯光，可以让人更集中而且保护眼睛。

马桶是个隐秘书架

厕所是我们每天都要光顾的地方，它兼具空间小和杂音少两个优点。这个时间是一个绝对安静的时间，很适合用来阅读。在马桶旁边放一张凳子，摆上几本书，想要阅读的话就可以直接拿来读，这也是一个方便快捷的方法。但是并不推荐在如厕的时候长时间阅读，如果有在如厕时阅读的习惯请注意控制时间。

手机是你的个人图书馆

手机已成为我们日常生活中不可或缺的“亲密的小伙伴”，用手机可以完成生活中的大部分事情：聊天、摄影、游戏、支付等。可是，我们似乎忘记了手机还有一个功能，那就是“阅读功能”。你可以充实自己的手机图书馆，将自己感兴趣的书都放进去，随时随地都可以利用间隙时间进行阅读。

职场小路灯

●在手机应用商店就可以查找相关阅读软件。从现在开始，停止抱怨没有时间、空间，留心生活，把握时间，开启你的阅读模式，提高对自己生活时间的把控力吧！

TOPIC

3–3

职场第一课·时间管理

给计划设置日程提醒

● 计划常常会被遗忘，要提醒自己去执行。

QUESTION

博士，我对每天的工作都有计划，但是真正忙起来后，本来计划好的事情，不是被别的事情耽搁了，就是被忘记了。工作计划很难得到落实，该怎么办才好？

ANSWER

如果担心自己忘记工作计划，可以通过设置日程提醒或手机闹钟的方法，提醒自己去执行工作计划。

想要提高自己的工作效率，有了制订计划的工作习惯只是第一步，自己还必须加强对时间的把控技能。给工作任务设置日程提醒或闹钟提醒，确保自己的计划可以得到严格执行。具体的做法有台历记录提醒、手机日程闹钟设置、手账提醒等。

台历记录提醒

对职场人而言，日历是一个很重要的工作元素，它推动着我们工作的进度也见证着我们的工作成果。台历是指放置在桌子上的日历，台历的“横空出世”为我们提供了很大的便利，将台历放在办公桌上翻阅起来很方便，而且位置很醒目，我们还可以突出标记重要的日期，这个可以起到提醒的作用。对于小洋来说，如果是一个比较长时间的工作规划，小洋则会在台历上突出记录，使其能够一目了然并起到提醒自己的作用。

手机日程闹钟提醒

对于长远一点的工作规划，可以通过手机云日历功能设置日期提醒，具体的做法是当你制订好你的工作规划后，把你的计划录入手机云日历功能软件上，然后进行日期设置定期提醒就可以了。而针对短期的工作计划，比如当天工作的详细计划，可以设置闹钟提醒。**手机设置日期闹钟，用以提醒自己落实工作计划，是一种非常常见的时间把控技能，可以防止我们遗忘某些工作任务，也可以提醒我们准备迎接下一项新的工作任务。**

给计划设置日程提醒

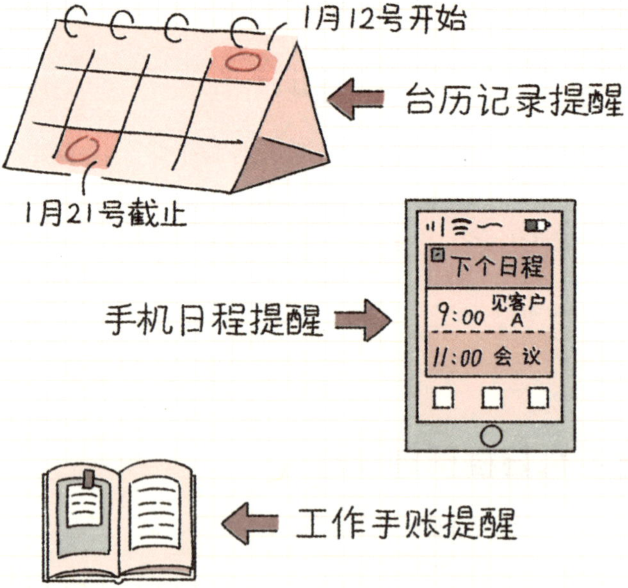

工作手账提醒

采用工作手账的传统方法提醒自己去执行事先定好的工作计划，仍然是最为普遍的方法。运用工作手账，把每日的任务清晰地写在手账上，设置好各项任务的执行时间，然后频繁查看手账，时刻提醒自己去落实工作计划。

小洋除了利用台历来制订工作计划并且提醒自己落实外，手账也是他坚持使用的工具。在台历上不能详细记录每一天的工作任务，但是他可以用手账对每天的工作进行详细的记录，并且通过查看手账的方式来提高自己每天的计划实施效率。

职场小路灯

●工作计划只是第一步，如何保证计划得到严格执行、发挥出计划的真正作用才是最重要的。给你的工作计划设置日期、闹钟等，加强自己的时间把控技能，从而确保计划得以有效落实。

TOPIC

3–4

职场第一课·时间管理

爱做饭的人往往更会安排时间

● 爱做饭的人在工作中可能有更好的时间统筹能力。

QUESTION

博士，上次有位大客户邀请我去他家吃饭，整个做饭流程都是他一手把控，而且厨艺也震惊到我。原来他们这种在事业上很成功的人在生活中还能做得一手好菜，真好奇他们是怎样做到的。

ANSWER

事实上爱做饭的人在安排时间上往往都有特殊的技能。做饭的各个环节和时间管理技能有着密切的联系，这也可以间接说明你的这位客户为什么事业这么成功了。

很多职场人，很少会自己下厨做饭。一来工作实在太忙碌，一日三餐都是马马虎虎应付一下；二来觉得做饭会浪费时间。其实恰恰相反，一个经常做饭的人往往是一个擅长安排自己时间的人。

经常做饭的人都知道，做一顿饭并不是烧一壶开水泡一包方便面就可以了的，一般包括买菜、洗菜、切菜、炒菜等几个环节。就拿要做一顿三菜一汤的饭来说，煮汤的同时你需要为下一道菜洗菜、削皮、切菜，同时还要设置电饭煲蒸米，另外可能还要准备喝的。**这些事都要一个人单独控制并且同时进行，这期间就考验着我们的统筹应变能力和把控时间的能力。**

运用PDCA自行试错（味道咸淡调节）

PDCA指的是PDCA循环，它的含义是将工作质量管理分为四个阶段，即计划（plan）、执行（do）、检查（check）、处理（action）。在质量管理活动中，要求把各项工作按照做出计划、计划实施、检查实施效果、处理效果（将成功的纳入标准，不成功的留待下一循环去解决）四个环节去进行。工作中运用PDCA循环方法可以自行检测工作计划的是否正确。

另外，PDCA 的四个环节和做饭时对味道咸淡的掌控步骤极为相似。做饭时对味道的调节也有四个环节，分别是估计调味料用量（计划）、加调味料（执行）、试味（检查）、味道调节到合适（处理）。

做饭时的 PDCA 环节

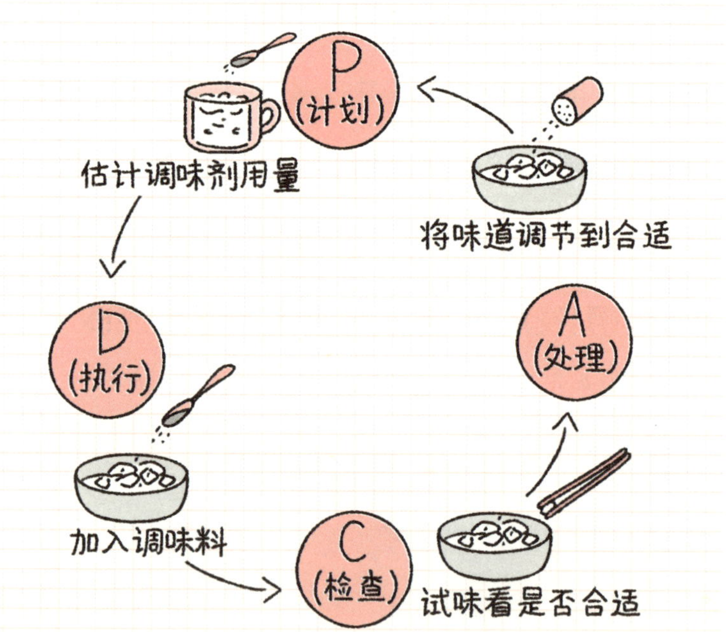

能根据期限反推（炖汤时切菜去皮）

我们现在不妨来做一个时间把控能力小测试：假设你现在需要准备三菜一汤，其中汤需要炖20分钟才能出锅。那么，在这期间你会做什么呢？ A.休息一会儿等待汤炖好；B.准备其余的菜的材料。其实答案是显而易见的。也许你不会做饭，甚至连厨房都没进过，但是从上述的例子中可以看到，同一时间根据事件性质进行组合搭配来处理，会更有效率。一个能掌握好时间的人，可以煮饭、洗菜、熬汤、切肉同时进行，即统筹全局之后根据期限反推，花同样的时间完成更多事项。

事情再小也不拖延（吃完饭及时洗碗）

大多数人看到凌乱的餐桌都想着把餐具扔到洗碗池，明天再洗。这些琐碎的小事是造成人们拖延的主要原因，越来越多的杂务堆积起来往往让人失去对时间的把控能力。最佳的做法应该是及时处理杂务，养成好的习惯，才能提高对时间的把控力。

在工作中，很多人都有或轻或重的拖延症——“这件事不着急，明天再做也不迟”“这个问题以后再解决吧”。这样今天推明天，明天推后天，最后也没能处理好。原本有充裕的时间处理好事务，最后却只能潦草交差。

其实我们可以将做饭的环节当成我们练习时间把控能力的机会，通过多次练习，我们在规划时间使用时才能更灵活多变、轻松高效。

职场小路灯

●爱做饭的人可以从一遍又一遍的厨房劳动中养成把握时间、安排时间、协调时间和统筹时间的能力，这些能力在工作中同样发挥作用。所以，千万不要以为做饭只是一件会花费时间的事情哦！

四象限法则

掌握生活时间从分清生活事项的轻重缓急开始。

●生活中有时候会遇到很多事情碰到一起的情况，处理起来容易让人方寸大乱。如果你想要对自己的时间拥有绝对的掌控权，以便提高自己对时间的有效利用程度，进而为自己带来更高质量的生活，那么你就必须学会分清事情的轻重缓急。

什么是四象限法则

美国管理学家柯维提出了著名的“四象限法则”，按轻重缓急程度，把事情分为以下四种。

●既紧急又重要

这个象限包含的是一些紧急且重要的事情。这一类的事情具有时间的紧迫性和影响的重要性，无法回避也不能拖延，必须予以优先解决。工作中它表现为重大项目的谈判、重要的工作会议等；生活中表现为生病就医等。

重要但不紧急

这一象限的事件不具有时间上的紧迫性，但是，它对我们具有重大的影响，对于个人或者企业的生存和发展都具有重大的意义。比如个人婚姻规划、工作规划等。生活和工作中诸如此类的事情还有很多，对此类事情，我们要制订好落实计划，多花时间和精力在上面。

紧急但不重要

这一象限的事情看起来很紧急但其实并不重要，因此这一象限的事件具有很大的欺骗性。很多人在认识上有误区，认为紧急的事情都显得重要，实际上，像无所谓的电话、附和别人期望的事、打麻将三缺一等事件都并不重要。这些不重要的事件往往因为它紧急，就会占据人们很多宝贵时间。

既不紧急也不重要

这一象限的事件大多是些琐碎的杂事，没有时间的紧迫性，没有任何重要性，这种事件与时间的结合

四象限法则

纯粹是在浪费时间，不宜被当成花费时间的主体。例如发呆、上网娱乐、闲聊、游逛，这些事情可以在绝对的闲暇时间里做。

四象限法则的运用

每个人的生活都被各种各样的事情充斥着，处理得好不好，关乎生活的质量。“四象限法则”是有效提高生活质量的可行之法。那么，该怎么具体运用“四象限法则”呢？我们来看一下小米是如何对自己生活中的事项进行分类的。

小米最近在生活上有几件事情要处理：去云南旅游一次、和朋友吃饭、去医院复查身体、每周一次跑步、部门会议、三天后参加好朋友的婚礼、阅读一本书、偶尔逛逛街等。为了让事情得到合理的解决，她运用四象限法这样进行分类：

既紧急又重要：去医院复查身体、三天后参加好朋友的婚礼；

重要但不紧急：去云南旅游一次、每周一次跑步、阅读一本书；

紧急但不重要：部门会议；

既不紧急也不重要：和朋友吃饭、偶尔逛逛街。

通过四象限法则分类，小米把让她焦虑的一件件的事情“放置”在了各个象限里，**各个事项得到了有效的处理而且生活变得更加井然有序，提高了自己对时间的把控力。其实四象限法则不仅可以运用在我们的生活中，在工作当中也同样适用。**

PRACTICE STARTS
课后作业

基本 把自己凌乱的房间整理干净，腾出更多的生活空间给自己吧！

活用 给你近期的生活计划设置好日程提醒了吗？如果日常事务太多，别忘了运用四象限法则哦！

时间管理有许多陷阱，应该果断地跳过这些陷阱！

对“完美主义”“忽略总结”这些容易掉进去的陷阱，我们先要了解，进而尽量避免，才能更好地对时间进行把控！

纠正你对时间管理的认识

第4章

带你走出时间管理的误区

TOPIC

4-1 不要完美主义

职场第一课·时间管理

● 工作中浪费时间的两大元凶是拖延症和完美主义！

QUESTION

博士，我是处女座，有完美主义情结。上司交代的任务我总想要做到最好才提交，结果超出了规定的工作期限。难道想完美地完成一项工作就这么困难吗？

ANSWER

工作中的事情，特别是上司直接交代的事情，我们都想一次性做到最好，但是这种追求完美主义的做法，很容易耽搁时间，严重影响工作进度。

身在职场，都会接到上司直接委派的任务，比如上司交给你一项制作方案的工作。职场新人们如果执意追求完美主义，很容易出现的情况是，想一步到位制作出最好的方案，到了截止日期那一天才交到上司手上，结果上司并不满意，而你已经没有时间调整了。

所以，工作中针对上司亲自交代的事情该怎么对待和处理？**最明智的做法是，接到工作后先确认期限和目的，在大概完成 50% 的时候给上司审阅一下，再根据上司的意见逐步改成上司满意的方案。按这样的步骤去执行才是最保险的做法。**

接到工作后确认期限和目的

很多职场人，特别是职场新人，总会尽量避免和上司打交道。不会主动找上司谈话，就连路上遇到也会尽量避开。所以接到上司亲自委派的任务的时候也是这样，任务有不清楚的地方就独自烦恼，不愿去和上司确认清楚。或者到了最后关头，实在没有办法了才选择找上司问清楚。

客服部的小米就有过这样的经历。刚进公司时的小米有点害怕接触自己的上司，平时有什么问题也不会主动找上司求教。进入公司没多久的小米就接到了要写一份客户反馈总结报告书的任务。但是上司委派任务时没有说明截止日期和总结报告的目的，小米也没有及时向上司问清楚。过了两三天小米才跑去问，原来上司忘记说是西红柿的客户反馈报告书，结果她出的是白菜的客户反馈报告书。于是，她又熬夜赶出了西红柿的客户反馈报告书。还好没把事情搞砸了。

其实在工作中逃避和上司打交道的做法非常不可取。上司都希望自己带的人成熟、稳重而且善于沟通，而不是一个做事情畏畏缩缩的人。所以，接到上司委派的工作后的第一件事不是感到紧张，而是想尽办法当面确认清楚这项工作的信息，比如期限、目的等。不管上司多忙，也一定不会因为你这样做而开除你。但是如果你在不清不楚的情况下去做上司吩咐的事情，最后才发现根本不符合要求，甚至耽误了大事，那样的话肯定会在上司心中留下不好的印象。

完成 50% 的时候就送上司审阅

完美主义者对待上司交代的事情，都是一心想要做到最好再提交，渴望得到肯定。其实这样做是不对的，聪明的职场人都不会等到把事情做到最后才提交，而是做到一半的时候就交上去让上司审阅了。

正确的做事方法

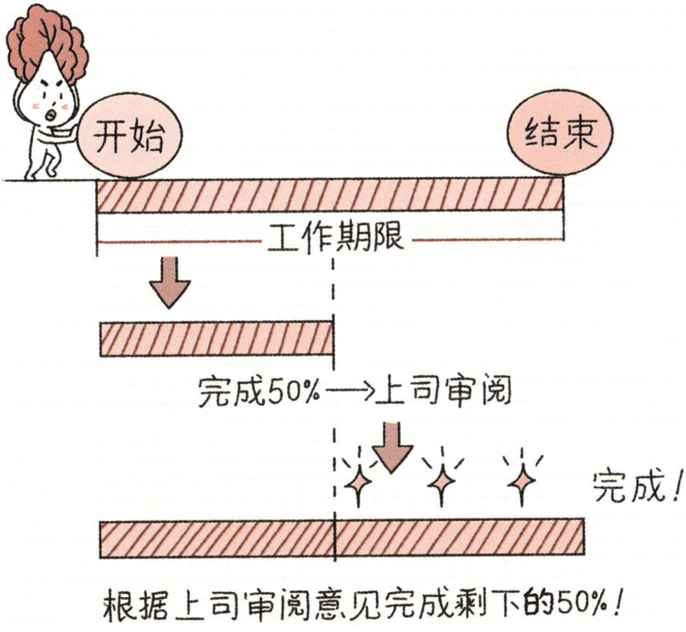

经过了一个月的工作后，公司到了要收购蔬菜的时期，上司要小洋一个礼拜内出收购计划书。到了第四天的时候，小洋就把计划书送到了上司手上。上司对于小洋的计划书给出了一些客观的建议和看法，得到上司的反馈后，小洋进行了及时的修改，在截止日期的前一天交给上司，然后就顺利地通过了。简而言之，我们越早知道上司的意见越有利于我们做好上司交办的工作。

根据上司意见逐步改成目标状态

把完成 50% 的工作交给上司过目，征求意见。得到上司的意见后，你后面的工作就会变得容易得多。只需要根据意见逐步修改整理，直至符合所有要求的目标状态即可。另外，如果此时发现大问题，也可尽早挽回并解决，节省了时间，不至于到截止日期前再推倒重来。这样一来，作为上司也会认为你做事效率高，只用了一半的时间；另外，上司也会认可你做事稳重的风格。

工作中几乎没有什么事情是可以一步到位的，特别是上司交代的一些事情，总要经过一番调整才会有结果。我们也要避免“我要一次性做到完美”的这种想法，在对工作的不断修正中我们才能获得工作经验。

职场小路灯

● 工作中我们都想把事情做到最好。但是一定要记住，完美主义是一个容易掉进去的时间管理陷阱。要接受不完美。灵活对待工作中的变数，出现问题及时修整，避免徒劳无功的事情发生。

TOPIC 4–2

职场第一课·时间管理

反复发信息不如打电话

● 打电话沟通会比发信息沟通更加有效和便捷。

QUESTION

博士，我习惯通过信息的方式和客户沟通，最近项目越来越多，常常因为沟通不及时，项目很难推进，该怎么办？

ANSWER

只喜欢通过聊天软件或者手机短信的方式和客户沟通，可能导致工作推进缓慢。直接电话沟通的效率会比发信息高效得多。

现在工作中很多事都是通过聊天软件进行沟通交流的，无论是介绍产品、洽谈合作、推进项目等，很多人觉得这种交流方式更方便、及时而且高效。

事实上，通过聊天软件和发信息的方式交流工作，并不会像想象中那样高效，反而会不利于工作进度的推进。工作中“在吗？”“看到消息了吗？”这样无休止的信息循环很容易形成拖拖拉拉的工作习惯；另外，如果对方没有及时看到信息并回复，你就很容易将这项工作搁置，从而造成进度拖延。

比起反复发信息交流工作，打电话才是最直接、高效的沟通方式，因为发信息交流工作存在着诸多不可避免的弊端。

其中一方打字速度一般的情况下费时

用聊天软件发信息进行工作交流的弊端之一就是需要花费很多的时间在打字上。在双方互发信息的过程中，只要有一方的打字速度跟不上，就会消耗双方大量的时间，造成一方失误、双方损失的情况。特别是发展业务渠道这类的工作，合作对象是没有选择性的，各种年龄、性别的都可能有。而有一个普遍的现象是：年龄高的人群，打字速度多数一般，如果用聊天软件发信息的方式沟通，势必会效率低下。所以，遇到这种情况，最好的方式就是用电话沟通。

纯文字沟通很容易造成误解

文字是一种充满变化的沟通工具，相同的文字内容，可能有不同的意思，可以有多种理解，甚至出现完全相反的理解都不奇怪。**另外，由于人们的地域、习俗千差万别，对相同的文字内容的理解也可能全然不同。所以，用聊天软件发信息进行工作交流容易造成误解。而误解会让彼此之间的交流无法顺利进行，从而无法达到沟通工作的目的，影响工作的正常进展，甚至会导致合作的彻底失败，给双方造成经济损失。**

小洋在和客户 G 进行合作时，双方通过短信约定好第二天下午 3 点在仓库门口交货。结果第二天的时候双方都在各自的仓库前等了很长时间也不见对方出现。最后才弄清楚原来小洋说的是在自己公司的仓库，客户 G 理解成了在他自己的仓库，结果不仅耽误了一些时间，还给客户留下了不好的印象。这件事情告诉我们，在工作中我们一定要将一件事情的各方面的信息都了解清楚，避免这种低级错误出现。

反复发信息不如打电话

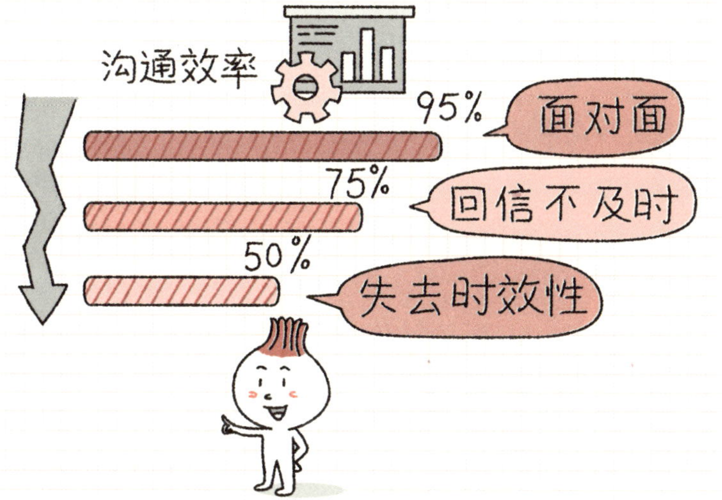

对方回信不及时容易影响下一件事情

回复不及时也是用聊天软件进行信息交流工作的一大弊端。在实际的工作当中，无论是老板还是员工，无论是业务员还是采购员，每天要处理的事务都有很多，要打交道的人也很多，无论是你发信息找客户交流工作，还是客户发信息找你交代事情，对方都有可能正忙于处理各种事情，没有看到信息，不能及时回复，这就很有可能影响你下一项工作的进行。

在工作中，信息的完整传达是我们工作顺利进行的基础。所以，我们应该尽可能地用沟通效率更高的方式进行沟通，避免不必要的合作损失。

职场小路灯

●通过聊天软件发信息交流工作是工作中经常用到的沟通方式，但要清楚地认识到其弊端所在。工作沟通最好是以电话沟通为主，文字沟通为辅。养成直接打电话沟通工作的习惯，是节约时间的好办法。

TOPIC

4—3

职场第一课·
时间管理

成功者并非不做杂务

● 处理好工作杂务是成功者必备的能力之一

QUESTION

博士，我感觉客服部的工作有很多杂务要做，感觉拉低了整体的工作效率。如果可以不做杂务，我的业绩起码翻一倍。感觉杂务太多也是工作中的一大难题。

ANSWER

工作中想要不做杂务是不可能的，因为杂务本来就是工作中不可分割的一部分。但是千万不要让杂务堆积，杂务积少成多只能让你大脑的负担越来越重。

我们无论处于什么岗位，每天的工作都伴随着许多的工作杂务。有些人可能觉得成功者可以不做杂务，但事实并非如此。世界上没有一项工作是没有杂务的，比如开会之前会议室的布置等工作。关于工作杂务，不应该想着如何排除，而是要想办法合理地处理。要处理工作杂务就要先充分认识工作杂务。

忽视工作杂务的负面影响

工作杂务属于附属工作，虽说不是你主要的工作任务，也不会对你的主要工作产生重大的影响，但这并不代表你可以忽视工作杂务的存在。忽视工作杂务会给你和你的工作带来诸多负面的影响。比如，**工作杂务得不到处理，会在你的头脑中一直存在，增加工作过程的大脑压力，分散注意力，影响工作质量和效率。而对于杂务不屑一顾的人很容易在大任降临时满是负担，面对重要任务时不能心无旁骛地全力处理。**

此外，工作杂务每天都会产生，但不会因为得不到处理而消失。它会随着时间一天天过去，越积越多，也会对你的工作造成越来越严重的困扰。

工作杂务的类型

不同的工作岗位有不同的工作内容，具体的工作杂务也会有所差异。但是，杂务的类型往往大致一致。工作杂务的类型主要有以下几种。

- 工作环境清洁整理类，如整理办公桌等。
- 会议资料准备与整理类，如会议内容笔记的整理、电子版转化等。

杂务越积越多会给人造成负担

- 客户资料更新整理类，如客户资料增加需要整理和录入计算机系统等。
- 文件整理归档类等。
- 临时事务类，如客户临时来访要接待、临时召开的某些会议等。

正确处理杂务的方法

虽说工作杂务一般是工作以外的琐碎事情，却也是无法忽视的，应该采用正确的方法来处理。

- 间隙时间处理法：工作杂务可以利用前面介绍的间隙时间来处理，这样既可以有效利用间隙时间，又能处理掉杂事，一举两得。
- 整合集中处理法：工作杂务一般都是一些琐碎的事情，重复性较高，可以采取整合集中处理的方法来处理杂务。把一部分杂务整理好统一处理，避免反反复复在同一件小事上花费太多的时间。

客服部的小米就利用间隙时间处理杂务的方法，在完成一项工作后的几分钟闲暇时间里整理办公桌，保证自己有一个愉快的环境。另外，对于每天的文档归类、客户资料和项目进度更新等琐碎的事情，小米用整合集中处理的方法，把这些事情全部集中起来在每天下班前半个小时一起处理，这样可以避免在一天的工作中因为频繁处理这些事情而浪费大量的时间和精力。小米因为运用了正确的方法，把每天的琐碎事务都处理得很好，工作效率提高了不少。

职场小路灯

●工作杂务与主要工作同时存在，成功者并非不做杂务，而是他们擅长处理好各种杂务，不被杂务缠身。能够巧妙处理杂务是时间把控技能的一种，是时间管理的一个重要方面。

TOPIC

4—4

职场第一课·
时间管理

缺乏沟通也会导致时间浪费

● 工作中要时刻与他人保持良好的沟通。

QUESTION

博士，在工作中，除自己对时间管理不当会造成时间被浪费之外，还有什么因素会导致时间被大量浪费呢？

ANSWER

千万不要以为在工作中只要利用好自己的时间就不会有时间被浪费，因为对工作完成情况的评价往往不是我们自己能决定的，而是客户或者上司。所以工作中缺乏沟通也会导致时间的浪费。

我们在工作中时常遇到需要与他人沟通的情况。与客户沟通，与上司沟通，甚至是与同事沟通。缺乏沟通或者沟通不当，都会导致工作时间浪费的发生。因为缺乏沟通导致的时间浪费有以下几种可能性。

与客户之间缺乏沟通导致时间浪费

（1）缺乏沟通容易导致理解误差，如果不能及时矫正，就会导致时间浪费。蔬菜公司市场部的小洋和客户 K 有一个合作项目，客户 K 要买 500 斤白菜。双方谈好后，小洋就开始着手备货。在备货的过程中，小洋发现存货有大白菜和小白菜，根据以往的经验，小洋在没有和客户及时沟通的情况下备好了 500 斤大白菜的货。然而在发短信告知客户 K 时，却被告知对方想要的是小白菜。没有办法，小洋只能重新再准备小白菜的货，白白浪费了之前三天的时间。

（2）沟通不及时，无法推进项目导致时间浪费。在实际工作中的很多情况下，我们都要及时和客户沟通，按照客户的要求去落实项目进展。并且大多数情况下，合作一个项目，都是需要分成几步或者几个时期来完成，每一步或者每一个时期的要求时刻在变化着。沟通不及时就不能知道客户最新的想法，项目就只能停滞不前，消耗大家更多的时间。

与上司之间缺乏沟通导致时间浪费

工作上碰到问题是常有的事，这会导致我们的工作效率出现暂时降低。特别是初入职场的新人，可能遇到的问题更多。若不及时和上司沟通，不但问题解决不了，还会浪费大量的时间。

例如同一时间进入公司市场部门的小洋和客服部的小米。虽然两人在不同的部门工作，但工作都需要

缺乏沟通导致时间浪费

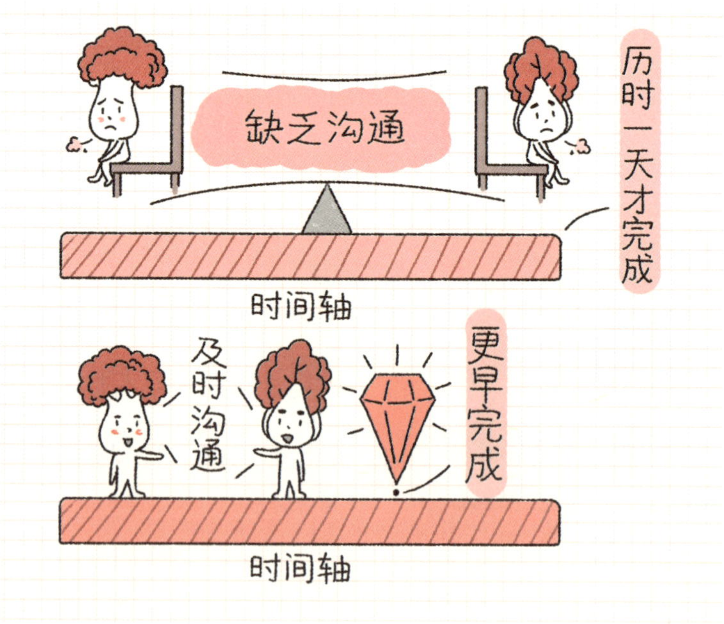

很强的沟通能力。某天，两人都遇到了在开发客户时如何与客户有效沟通的问题。小洋马上就自己找上司沟通，得到了上司的经验分享和指导，在极短的时间里克服了与客户沟通不见成效的困境。但是小米由于性格比较内向，没有及时与上司沟通寻求帮助，没能及时掌握与客户有效沟通的方法，严重影响了自己的工作效率，浪费了大量时间。

与同事之间缺乏沟通导致时间浪费

同事之间建立和谐的关系，保持良好的沟通，会让我们对工作充满激情，对我们的工作效率的提高也有帮助。在同事之间缺乏沟通会浪费时间这个问题上，小米也是深有体会。小米刚入职那段时间不怎么和同事沟通，在很多事情上浪费不少时间。就比如在写销售策划书这件事上。因为刚进公司，没有写过销售计划书，也没有和同事沟通过写销售策划书的注意事项，小米自己花了一个礼拜才写出一份，结果还是没能通过。最后在有经验的同事的指导下，花了一天时间重写了一份，才顺利通过。

无论你从事的是什么样的工作，都会有比你有经验的同事。有些问题自己可能花费大量的时间都搞不定，但若是和有经验的同事沟通一下，你会发现，只需要更少时间就可以完成。所以说，同事间很有必要保持好的沟通，缺乏沟通很有可能会导致你的时间被浪费。

职场小路灯

● 沟通是工作中不可或缺的事情，无论是与客户还是同事之间，都需要有良好的沟通关系。这样可以让我们的各项工作顺利进行。

总结时间管理的成效

时间管理和规划中不要忽略了总结。

●工作中进行时间管理，不仅要对未来有所规划，更要对过去的时间管理进行总结。职场中，效率源于经验，而经验来自对过去实践的总结。

以总结指导规划，形成良性循环

时间管理的目的在于增强对时间的有效利用，提高工作效率。但是时间管理并非一件容易的事情，时间管理达人的养成并非一朝一夕，而是需要一段长时间的实践和总结。总结时间管理的成效有以下好处。

（1）**便于对比时间管理前和时间管理后，工作效率的变化情况。**比如在工作量相同的情况下，时间管理前要加班才能做完，时间管理之后能在下班前 2 小时完成。这样的总结对自己有激励作用。

（2）**及时发现时间管理中存在的不足，提高时间管理能力。**并不是一开始做时间管理就能做到得心应手，甚至有些人在刚刚开始对时间进行管理的时候会觉得很难按计划行事。那是因为时间管理存在可执行性不高的缺点，通过总结时间管理成效可以不断完善这些不足。

（3）**以总结指导规划，形成良性循环。**总结所得的正确时间管理方法可以用以指导时间管理，得到更好的时间管理效果。

怎样去总结时间管理的成效？

总结时间管理的成效有两种比较可行的方法。

（1）**定期总结。**确定好每隔多久就总结一次。例如市场部的小洋自从对时间进行管理后，以一个月的时间为总结周期，每个月都会对自己的时间管理效果进行一次总结。

身为业务员，小洋每周的工作任务都差不多，他每天的工作安排也差别不大。经过第一个月的时间管理后，小洋对工作安排几乎相同的 4 周的工作完成的情况进行了对比，发现前两周都需要加班才完成工作，后面两周则不需要加班就完成了工作。在此次总

总结时间管理成效

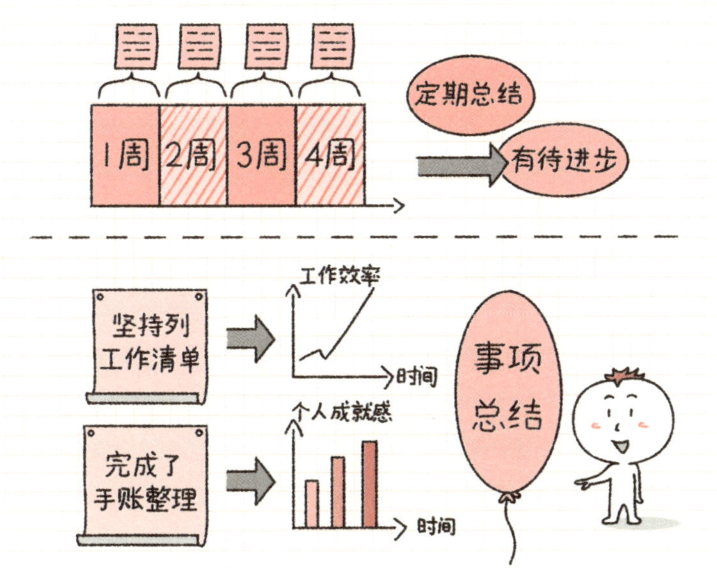

结中，小洋特意找出了一些难以实施的工作安排，并进行了调整；知道了自己对时间进行管理后提高了对时间的有效使用。

（2）**事项总结**。事项总结不需要经过较长的时间段，可以随时对同一事项的执行时常进行比较总结，查看自己的时间管理是否有成效。在哪些事情上成效明显，哪些事情上成效不大。

与小洋不同，小米则喜欢用事项总结的方法对自己的时间管理进行总结。小米对各个客户的意见反馈进行分析总结。进行时间管理前，小米写一份客户反馈报告需要 5 个小时，时间管理一段时间后，只需要 3 个小时就可以完成一份客户反馈报告。由此可知，时间管理对加快对客户反馈的撰写速度很有成效，要坚持下去。除此之外，小米还总结了时间管理对每周的例会的成效，发现时间管理前后的时间花费并没有什么变化。由此可知，时间管理对缩短例会所需时间的成效不大。

无论是定期总结还是事项总结，目的都是检验时间管理给我们的工作带来了什么样的变化，发现我们在时间管理中做得好与不好的方面。这样做最终的目的当然还是提高对时间的有效利用和工作效率。

PRACTICE STARTS

课后作业

基本 想要把一件事情做完美，就要避免个人完美主义！

活用 不要忘记每隔一段时间就要为自己做一次时间管理成果的总结哦！

把控时间的完美搭档——手账的使用小技巧！

手账好比是一件帮助你把控时间的武器，款式各种各样，使用方法也风格迥异。掌握使用手账的小诀窍，让这个小小的武器为你发挥最大的作用吧！

纠正你对时间管理的认识

第5章

时间的好伙伴
——手账

TOPIC

5–1

职场第一课·
时间管理

熟悉手账

● 学习巧用手账之前先来了解一下这个具有潜力的小伙伴吧！

QUESTION

博士，最近好像很流行手账，我是否也应该买一本手账来管理时间呢？它对我提升时间把控力会有效果吗？

ANSWER

手账是管理时间的好伙伴，很多人都有自己的手账，但不见得每个人都能用得好。想要充分发挥出手账的作用，我们先来了解一下什么是手账吧。

认识手账

手账是什么？**手账是一种把你所经历的或即将经历的生活，有规划地记录下来的工具。从职能上看，**

手账可以管理行程、记录行动、记事备忘和做笔记等，在生活、工作、学习等领域都可以发挥作用。从时间管理的角度来看，手账可以对短期计划和长期目标起到时间规划的作用。

很多人对手账的理解不够全面，认为它只是起着提醒任务的作用。其实不然，手账不同于普通的记事本，它并不是简单的备忘录。除了提醒功能外，更重要的是，它还可以协助我们更有条理、更有效率地计划和安排每天的工作和生活。甚至可以说，**手账起着督促我们行动的作用。倘若我们看到手账上昨天的日期对应着一片空白的页面，自然也会自问时间去了哪里，如何才能把握住自己的时间，以及如何实现自己在手账上写下的目标？**

所以，无论是在工作中还是生活中，坚持使用手账、习惯使用手账、熟练使用手账，将会对你把控珍贵的时间大有裨益。

使用手账的好处

本章主要介绍如何巧用手账来管理工作与生活中的时间。但在行动之前，我们有必要先了解一下手账在时间管理中能够起到的作用。

把握时间从而节省时间

在手账上条理清晰地写出工作计划、日程安排，这样可以让自己有一个清晰的做事方向，避免在工作中纠结于做事的顺序而导致手忙脚乱；通过合理安排每天的时间做到把控自己的时间、不虚度，从而达到节省时间的目的。

记录重点、明确任务

在工作与生活中，我们会遇到各种各样的事情，有的事项紧急，有的并不重要。记录在手账中，就能够使我们对于事情的不同紧急程度一目了然，久而久之在安排时间的过程中，我们就能做到明确重点、优化行程。

不仅是事项的紧急程度，工作中的重点也可以随时记录在手账上。比如会议的重点、项目的重点等等。每次都记录下来，翻阅对比的时候，也就能够更加快速地抓住任务的核心。

使用手账的好处

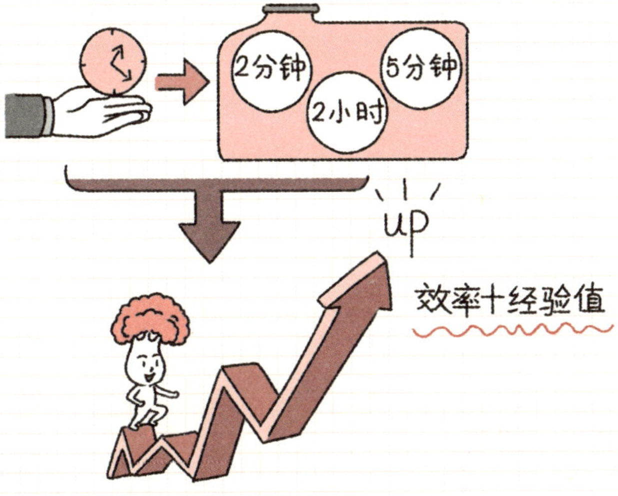

提升效率

通过用手账记录计划与行程，你的碎片时间得以挖掘并能够得到安排，每天的效率自然而然也会得到提高。

积累各种经验

经验往往是顺利完成任务的有力保证。在职场中，工作经验的重要性不言而喻：对个人而言，工作经验是获得理想薪酬的重要前提；对公司而言，工作经验是衡量员工能力的常用标准。

在工作中使用手账，通过记录你对各项事务的处理情况，分配的时间就会成为衡量经验的标尺，而手账就会变成你的经验库。

职场小路灯

小小的手账是管理时间的强大伙伴，它可以帮你将抽象的时间进行分配和可视化分析。一旦灵活掌握技巧，不仅可以把控自己的时间和效率，还可以把握他人的时间。

TOPIC

5–2

职场第一课·时间管理

如何选购合适的手账

● 避免空泛与局限，让计划更加行之有效。

QUESTION

博士，我看到小米用手账将工作安排得井井有条，我也想使用手账把控自己的时间。但是商场的手账类型太多，我不知道如何选择适合自己的手账。您能出出主意吗？

ANSWER

手账有很多种，对于初次使用手账的新手而言，时间划分太粗略或过于精细的手账，都难以起到充分管理时间的作用。我们具体来看看如何选择合适的手账吧！

一本科学合理的手账，会像工作与生活中的助手一样得力。但在此之前，我们需要选择适合自己的“小伙伴”。市面上的手账种类繁多，使用方式也不同，合适的选择很重要。

如何选择手账

首先，你需要明确自己使用手账的目的。比如你想要利用手账主要管理什么——项目进度、客户资料，还是职业规划？

此外，可以根据自己的职业性质与生活习惯来选择。如果需要经常出差或执行外勤，可以选择小巧、易于携带，甚至可以放入衣服口袋的手账；如果是经常在办公室或其他固定地点工作，或者需要随手记录设计灵感的情况，那么可以选择较大的、看起来更能放宽思路的手账。

手账的尺寸有不同，款式也有装订与活页之分；内页的设计则有更多种类：空白的、点状的、方格的、横线的……哪一种更符合你的使用习惯，也是你要先确定的事情。

所以我们在琳琅满目的商店中选择手账时建议尽量满足以下三点要求。

（1）有每月的方格日历。

（2）有每周的时间表，具体划分到每一天，并有空白栏用于记录。

（3）月份之间有足够的记录用纸，即空白的备忘录页面。

利于规划的设计

手账的主要功能是帮助我们安排日常任务，做到有效利用时间。从设计上来看，既有以大时间块划分的手账，比如“年计划”“月计划”；也有以小时间块为单位的手账，比如“周计划”“日计划”的手账。大时间块有利于订立目标、规划进度；小时间块则有利于计划安排、记录结果。因此，两者适当兼具的手账，在时间管理上更为得力。

每月的方格日历，进度规划一目了然

每月的方格日历，作用就像我们平常使用的台历一样，可用于标记重要的日期，把握当月整体时间，

如何选择合适的手账

做出进度规划与阶段安排。哪一天需要洽谈，哪一天需要提交演示文稿，哪一天是项目的截止期限；第一周需要完成策划，第二周必须提出完整方案……这些都可以标记在相应月份的方格日历中，翻阅起来一目了然，起到提醒与敦促自己的作用。

每周的时间表，避免时间悄悄流失

除了月计划，手账中每周的时间表也是非常必要的。周计划表需要具体划分到每一天，并留有足够的空白栏用于记录当天的事项。月计划的大任务此时便可以细化到每一天，比如第一周的星期一，为策划拟出大体框架，着手查询与搜集相关资料；星期二下午有洽谈，上午需要整理好所有资料……这些任务更可以分配到具体的时间段。如此一来，连间隙时间也无处可逃，被自己把握在手。自己每天的成长也被一步一个脚印地记录在案。

空白的备忘录页面，记录灵感与总结必不可少

具有以上两项功能的手账，还不能说是非常理想的手账。每月时间表之后空白的备忘录页面也有不可或缺的作用。一个月的时间过去，自己的收获与经验的总结，都可以写在备忘录页面上。

看似每一天都在重复的工作，在经验的总结中可以

不断得到优化，自己的效率自然也会得到提高。此外，灵感忽然降临时，也可以在备忘录页面及时记录下来，为以后的工作提供素材。可以说，空白的备忘录页面也有助于思路的开拓。

总之，我们可以根据自己的记录习惯来选择合适的手账类型，确定好自己要记录的内容及风格后，总有一款手账适合你！

职场小路灯

●通过选择设计合理的手账，可以让我们在安排时间时更有条理，既不会由于手账太粗略而计划空泛，也不会因为过于细碎而局限思维。有了这个基础，我们将进一步讨论如何巧用手账！

TOPIC

5–3

职场第一课·时间管理

如何更好地使用手账

● 结合小道具，不拘一格地活用各种记录方式吧！

QUESTION

博士，我现在已经开始使用手账了！是不是只需要将当天要做的事情填入每日空白栏就可以了呢？

ANSWER

如果只是单纯地填入每日事项，并不能将手账的作用最大化。掌握几种记录任务、安排时间的小技巧，灵活地运用到你的手账中去吧！

手账的记录方法

日常生活中的小事项与随笔，在记录时可以根据自己的心情随时变换花样。但工作中的任务，很多时候就必须严肃对待了。如何做到有条不紊地使用自己的工作手账，切实提高效率呢？这里我们介绍 5 个小锦囊。

（1）一日一页记录法

如果你的手账没有划分每周时间表，那么你可以试一试这个方法。把每天的工作任务用尽量精简的文字全部罗列在一页纸上的方法，就是一日一页记录法。这种记录方法的特点是快速简洁，罗列的任务每完成一项就打一个勾。**一日一页记录法比较适合对自己的工作内容非常熟悉的职场人士。**

（2）二分栏目记录法

每天会有不同的任务要完成，在处理不同的工作内容时需要注意的事项、对应采取的方法、期望的最终目的等也会不一样。把每天的工作任务和任务目的分成两个栏目记录手账的方法就是二分栏目记录法。**这个方法的重点在于可以提醒自己更加明确目的，从而提升效率。**比如小洋今天要和客户 D 见面商谈合作事宜，按照“任务+目的”的方式，在手账记录的内容如下：

任务：与客户D见面；

目的：争取以××条件把合同签下来。

（3）三行记录法

每一项任务都应该经过“行动”“结果”“改善”三个步骤，三行记录法是在一天的工作后，**对各项任务的执行情况进行总结与记录是比较实用的方法。这种方法能够帮助自己掌握事务的进展状况，发掘需要改善的地方，最终在处事上有所成长。**比如，新业务员小洋回顾自己一天的工作：

行动：打了一天的陌生客户电话；

结果：未能成功开发到新客户；

改善：急需增加业务沟通技能，熟悉公司产品。

三行记录法适用于性质复杂及难度高的事情。

（4）计划时间留余地

在给各项工作任务分配执行时间的时候，可以把

手账的记录方法

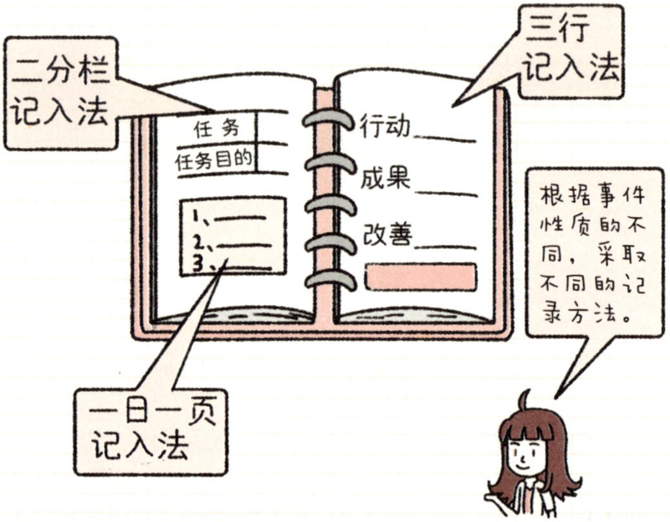

事项对应的准备时间也记入手账。比如拟定一份收购合同需要 30 分钟，在开始拟定合同前需要 10 分钟整理资料，那么这 10 分钟的准备时间也可以记入手账。如此可以避免手忙脚乱，打乱时间计划。

（5）备注任务进程及时间

很多人习惯只把当天的工作记入手账，对于之前的阶段性工作结果，则很少再回顾总结。而实际上很多工作都不是一天就能做完的，往往需要分阶段来完成，比如一个合作项目，从交涉到签合同，中间包括写方案、做企划等步骤。一个星期前写了方案，两天前出了企划书，今天计划签合同，那么在今天的手账栏记入“签合同”的事项时，**最好同时备注任务所处的进程阶段以及前项步骤完成的时间。这样可以让你在最短的时间里了解事情的紧急程度，把控全局进度，并有利于总结经验、优化程序。手账也由此发挥出它的时间跟踪功能。**

小便签大作用

便签是一种使用频率很高的文具，我们常常把紧急的事情写在便签上，贴到显眼的地方，以便于时刻提醒自己去执行。

由于便签具备这种使用起来方便快捷的功能，在工作当中可以成为与手账搭配使用的小道具，比如便签可以用来做记号，在手账上标记重点；可以扩充手账有限的书写空间，让内容更加丰富具体；对于有可能变更或未确定的预约，可以用便签贴在手账里，对应实际情况轻松调整。可以说，对于手账而言，便签也是一种提高效率的记录手段。

标记重要事项

一天当中的工作任务会有缓急之分。甚至同一件事情的不同部分，其重要性也不相同。**所以有时候，我们需要着重提醒自己某件事情的重要性，以便优先处理。这个时候就可以把便签派上用场——标记重点。**

比如小洋在工作手账上记入：今天有 A、B、C 三位客户要见。

客户 A：老客户。见面是为了商谈合同尾款的支付时间。

客户 B：新开发出来、正在洽谈合作的客户。针对 B 客户，需要重点拟写合作方案；

客户 C：初次见面的客户。此次见面的目的在于相互了解一下双方，具体是否合作是之后的事情。

小洋结合自己的情况分析后可以知道，与客户A、B、C的三场面谈中，B最为重要，其次是C，最后是A。而与B见面的准备工作里最重要的是写一份双赢的合作方案。

这时候便签上就可以写：“重要性A＜C＜B（最重要的是写好合作方案）”，并贴在手账上标记为工作重点。最好贴在显眼的地方。

扩充书写空间

手账的书写空间有限，当我们遇到工作事务较多的时候，往往会有空间不够用的状况出现。为了让手账记录更加全面与整洁，可以运用便签来实现书写空间的扩充。比如用便签附注事项的详细信息、处理问题的思路等。在上面的例子中，小洋对三场面谈的重要性的分析就完全可以在便签上写下来，贴在手账的时间表旁。如此做法，对于在短时间内明

手账和便条是一对完美搭档

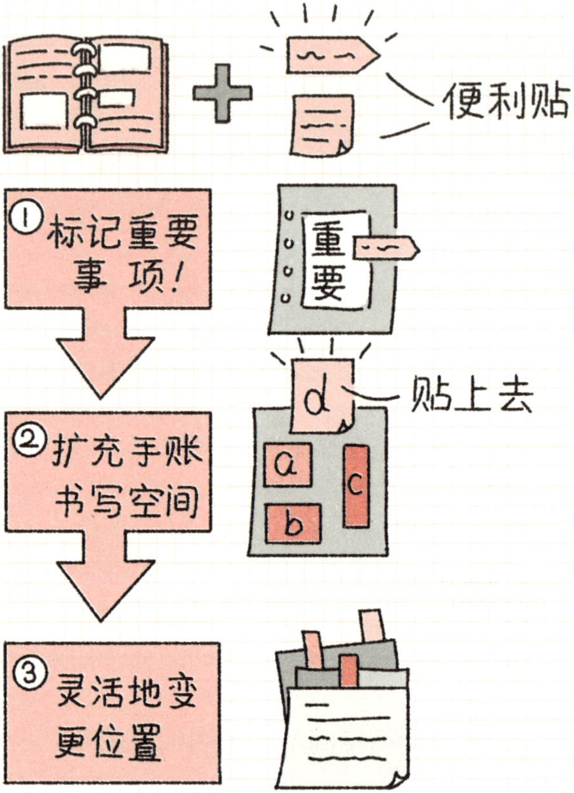

确任务思路很有帮助。

对应日程灵活变更位置

生活中的日程安排和工作上的任务期限发生变动都

是经常发生的事情。任务时间突然被改变，日程安排就会被打乱。这种情况下，原本在手账上安排的见面时间就必须修改。倘若直接在空间有限的手账上修改，会让你的时间表变得不够整洁清晰、甚至影响辨认。这时候更好的做法是使用便签，把重新约定的见面时间写在便签上，甚至可以写下更改日期的原因，对于下次见面的话题或工作方面的承诺，说不定都可以起到作用。

职场小路灯

●我们还可以在手账首页写上自己的目标，或者根据规划，在不同月份的时间表前写上当月目标等。找到适合你的方法，灵活使用手账，做到有效梳理时间、高效解决问题吧。

TOPIC 5–4

职场第一课·时间管理

个性化自己的手账

● 契合自己的需要，手账才能发挥更大的效用。

QUESTION

据我观察，小米的手账看起来丰富多彩，小米在记录手账时也兴致勃勃，翻阅时更是动作麻利，能够立马调出需要的信息。而我的手账看起来单调又乏味，我应该如何充实自己的手账，调动自己的积极性呢？

ANSWER

其实有很多小方法可以丰富自己的手账。重要的是，在充实手账的同时，更要使手账契合自己的需要。以发挥更大效用为前提，使自己的手账充满个性，才能持续带动积极性！

使用手账的方法不同，其发挥出来的作用也会不同。如果只是单纯地记录几件事情，那就没有起到工作最佳搭档的作用。只有根据自己的习惯和工作内容进行个性化的改进，手账才能很好地为自己的大脑减轻负担。市场上的手账大部分都是按一定格式生产的，即便找到了比较适合自己的手账也不一定能够贴合你的每种需求。所以在使用的过程中根据需求加工，关键时刻会发挥很大的作用。

如何让自己的手账更具个性，使用起来更人性化，从而发挥自己想要的作用呢？办法有很多，让我们先来看看以下几种实用小方法吧。

贴上地图

在记录手账时，涉及地点的工作安排，可以贴上标记好的地图，让自己对目的地的印象更加深刻。例如，小洋和客户约定在某个工业园商谈合同，他事先查好了该工业园的分布图，并在图上标记好了交通信息以及客户的公司地址，再把标记好的地图贴到手账上。如此就可以让他省去不停地在手机上查找地址的时间，并且在之后翻阅手账时也能第一时间调出地址信息。

活用小贴纸

贴纸是装点手账的好工具。贴纸有诸多小优点，如颜色多、形状多、材质类型多、使用便捷等。由于这些灵活多变的特点，在手账上使用贴纸的时候就可以根据自己的需求进行装点与调整。**我们可以用贴纸来设置栏目、插入标签、强调重点、突出内容等，既美观、醒目，又实用。看似严肃、单调的工作手账，经过贴纸的修饰，也能变得生动起来。**同时，由于贴纸的使用是根据自己的需求灵活设计的，这样可以让自己的手账更加个性鲜明与积极，查找内容时也更加明确。

巧用不同颜色

如果只用一种颜色进行书写与标记，所录事情的轻重缓急等不同的属性，就无法瞬时区分。我们可以巧用不同的颜色来划分任务、加速理解、分配时间并安排顺序。

四色记录法

四色记录法就是用四种不同颜色的笔分别记录四种类型的事务，这种方法可以让更为合理的办事顺序一目了然。随身携带一支综合四色笔芯于一体的笔，使用起来方便快捷。需要注意的是，四种颜色所代表的意思，在一本手账中最好做到统一，翻阅

为记录项分配颜色

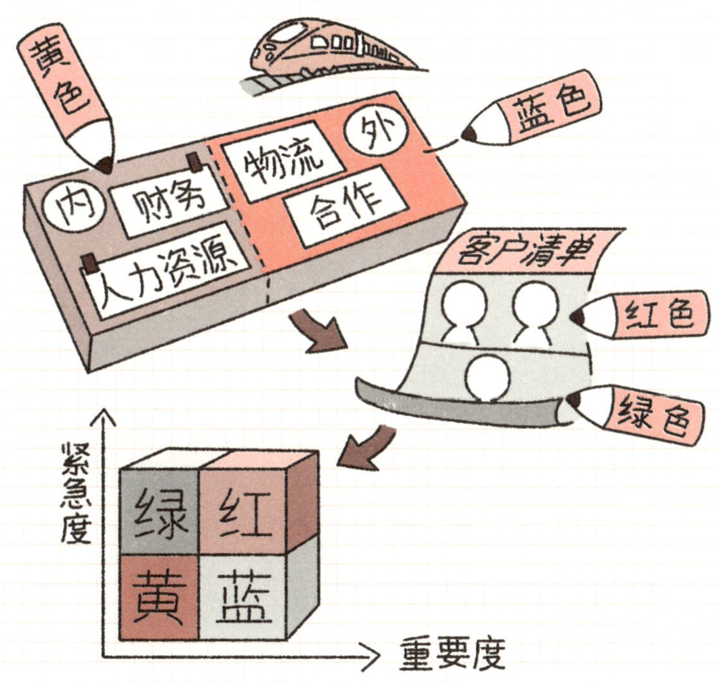

起来也就不会使思绪混乱。

在分配颜色的时候，可以参照以下几条思路来划分。

（1）按任务类型。工作中不同的任务类型，比如公司内的勤务与公司外的业务，两者的类型不一样，就可以用两种不同颜色的笔来表示。结合自己的实际工作情况，还可以分出例行任务与额外任务、主要项目与杂务等。

（2）按客户类型。按客户类型来分配颜色也是一种比较好的选择。作者的性别、工作性质、所在地区、交易量大小等，都是分配颜色时可以考虑的因素。不同性别的客户会需要不一样的沟通技巧，分配颜色可以起到给自己心理暗示的作用，提前想好对策；不同地区的客户对商品的需求会有所不同，分配颜色归类可以让自己在翻阅手账时反应更迅速，把握客户所在地区的情况投其所好，增加合作的成功率……

（3）按紧急程度。就像前面章节提到过的四象限法则，工作任务一般都包含重要且紧急、重要不紧急、紧急不重要、不重要也不紧急四类。我们也可以按照紧急程度的不同来分配颜色，比如醒目的红色笔迹书写的任务代表重要且紧急，那么在翻阅时可以一目了然，从而有重点地着手，提高效率。

职场小路灯

●把形式单一的手账进行个性化加工，使之更好地匹配自己的生活习惯和工作内容，使用起来更加得心应手，成为自己把控时间的真正助手！

工作中的手账速记技巧

从容面对紧迫的场合，更快更有效地提取信息！

●工作当中对工作内容的记录有时候要求快速且准确，比如重要的项目会议、面谈等，这些场合很少会有充足的时间给你详细记录所有谈及的事情。如何做到在手账上快速记录重要的谈话内容，掌握一些相关小技巧非常必要。

在前面的章节中，我们已经介绍了一些方法，让手账的记录更加方便和丰富。在本节我们着重介绍几种工作中的速记小技巧，让你灵活地应对时间紧迫的工作。

箭头的活用

箭头是一种方便好用的符号，它可以代表方位的移动以及过程的发展。我们可以根据它所代表的不同意思，运用到不同内容的记录中。比如，客户 A 在电话里和小洋约定蔬菜送货的相关事宜，对方要求在下个月的第一个星期内把货物送到他的仓库。于是小洋可以在手账上这样记录信息：A：下月首周→送货→ A 仓库。

在手账上记录关键词，其他表示方位或过程的部分则可以用箭头来灵活替代。箭头具有很强的指向性，对节约记录时间和手账空间都很有帮助。

荧光笔画记

前面我们提到可以使用多色笔记录工作手账，让你各项工作任务的轻重缓急清楚可辨。但是在紧急的场合中，采用多色笔记录手账就会适得其反了，倘若此时不停地换笔就会消耗过多的精力和时间。在时间并不充裕的场合（如会议或出差途中），或对于习惯使用一种笔（如签字笔、钢笔）的商务人士，不建议采用多色笔记录手账的方法，最好是采用荧光笔画记法。

荧光笔画记法同样可以让各项工作任务的紧要程度一目了然。它是指在记录工作安排的时候用同一种颜色的笔，之后再选用不同颜色的荧光笔来区分。这

工作手账速记技巧

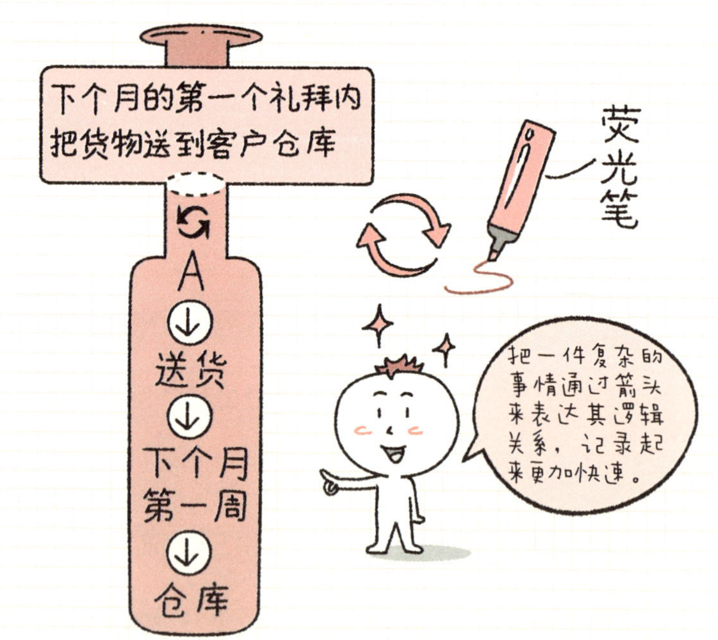

种方法不仅能够节约现场记录的时间，还可以帮助我们快速回顾任务内容。

缩写

由于手账的空间是有限的，所以在手账上记录事项的时候要尽量做到用最少的字表示最多的含义。可以将专有名词用缩写的形式表示，常见的比如有：MTG 是 meeting 的缩写，表示“会议”；AP 指代“预约”，是 appointment 的缩写。

掌握这些手账速记的方法和技巧，能够提升你在工作中收集有效信息的能力，进而帮你把控时间。

PRACTICE STARTS
课后作业

基本 从自身情况出发来选择手账，从自身需求出发来改进手账吧！

活用 将这些小方法运用到你的手账中，再让手账成为你把控时间的得力助手吧！

不确定前面所看的干货是否掌握？来把时间管理小妙计都一起复习一遍吧！

让我们一起跟随小洋和小米的步伐，进行一场关于时间把控的测试小游戏。更加灵活地将这些时间管理小锦囊运用到生活和工作当中吧！

纠正你对时间管理的认识

第6章

时间管理小测试

Ready? Go!

1

我们先来假设你是小洋

刚毕业进入一家蔬菜配送公司工作的你，自己的主体时间从在学校生活变成了一天 8 个多小时在公司忙碌。面对这种变化的你，想学习怎样去平衡自己的生活和工作，但是该如何进行时间管理呢？

网络上那么多时间管理干货，每天看几个就学会了。→ 22

应该先了解时间管理是什么，再根据自己的状况制订时间管理计划。→ 5

2

是不是房间乱成一锅粥，东西太多找起来特费时间？该整理一下衣柜啦！

P084 3–1 节省时间请从处理杂物开始

坐公交车去市中心要一个多小时，幸好我有法宝度过无聊的时间，终于不是漫无目的地刷手机啦！

P089 3–2 生活中的隐藏书架

快乐地度过周末后，你来到了下一幕→ 24

3

今天工作之余和小米闲聊。

“最近感觉怎么样？工作环境适应得差不多了吧？”小米问。

“工作环境确实适应了，不过我发现工作中除了一些必办的工作事项，其实还有挺多的工作杂务需要处理。可能因为是新人，所以杂务比较多吧，唉……”你回答道。

路过的博士正好听到了你们的对话，笑着插话道：“我要做的杂务可比你多得多呢！”

你惊讶地说：

“像博士这么成功的人也要做杂务吗？”→ 10

“嘻嘻，原来不分职位的高低，每个人都得做杂务。”→ 4

4

当然了，无论是生活中的琐事还是工作中的杂务，处理起来也是一门学问呢。这时你认识到："我之所以会感觉到负担，其实很大一部分原因是自己没有运用科学的方法，而博士掌握了方法，就能处理得游刃有余。"方法有以下几种。

P103 四象限法则

这些小方法无论是在生活中还是在工作中都超级有效！这么想着，工作中又出现新状况了。→ 11

5

恭喜你，头顶都有了"理性之光"，读了以下两节果然让你受益匪浅。

P002 1–1 时间管理有四个等级
P008 1–2 根据自己的节奏来安排时间

再给自己做一个时间管理诊断吧，看看自己能得多少分呢？

P039 时间管理的诊断

这是一个很不错的开始，接下来有更多的问题等着你去发现和解决。→ 19

6

王组长听了很满意，因为你给了他一个确切的截止时间，经过长时间的工作你自己总结了可整理事项的一些标准时间。

P076　整理自己的标准时间

怀着满满的自豪感，你来到了→ 15

7

在总结完成工作任务的过程中，非常重要的一点是：

P110　4–1 不要完美主义
P131　总结时间管理的成效

瞬间感觉收获满满呀！分期总结的力量不容小觑。→ 18

8

给自己订一个五年目标很有必要，来看看制定好目标对于你会产生的强大推动力吧！

P012　1–3　从目标开始的倒推法
P017　1–4　把控时间始于规划

看着自己的蓝图规划，瞬间觉得自己多巴胺满格！时刻提醒自己勿忘初心。想到和自己一起入职的客服部的小米，她的工作和生活的时间规划得怎么样呢？这些小方法无论是在生活中还是在工作中都超级有效！这么想着，工作中又出现新状况了。→ 18

9

太好了！书中正好有“手账”的简单介绍和使用方法说明，翻开书的：

P138 5–1 熟悉手账

P143 5–2 如何选购合适的手账

带着对手账的新鲜感，你来到了→ 21

10

无论工作的难易程度与性质如何，杂务存在于各项工作之中，每个人都会要面对，不管是博士还是初入职场的你。难道你忘记了这一节：

P121 4–3 成功者并非不做杂务

因为杂务具有零碎的特性，在间隙时间完成一些杂务会是不错的选择呢！

P030 1–6 认识并利用间隙时间

杂务都被清理干净了，间隙时间的使用方法实在是太受用啦！怀着激动的心情，你来到了→ 11

11

今天项目组的王组长交给你一个任务：把近一个月来的客户订单整理好。“要仔细整理哦，每种蔬菜的订单量都要整理到位！不能做事慢吞吞的，下班前整理好给我。”

此刻你的心里有些抓狂：“什么！下班前！今天一天弄得完吗？况且还有昨天博士给我的任务没处理完呢！”你焦急地想着接下来要怎么办呢？

按照我日常的工作进度，做多少算多少吧！→ 23

不能像之前那样慢吞吞的，得想想办法，提高自己的工作效率了。→ 14

12

到了令人振奋的双休啦！你周末准备以怎样的方式度过呢？

朋友约你出门，看着自己乱糟糟的房间，怎样也没找到想穿的那件毛衣！找东西都手忙脚乱地找了半个多小时，不能准时赴约了。→ 2

吃了一周方便面、面包，准备给自己做一顿饭。→ 17

13

你忘记了面对面交谈或打电话比发信息的效率更高吗？回顾一下本书的：

P116 4–2 反复发信息不如打电话

P126 4–4 缺乏沟通也会导致时间浪费

恍然大悟的你来到了。→ 15

14

既然你想改变自己的工作方式，得到王组长的表扬，从而开启自己的升职加薪之路，不妨试一试以下两种方法。

P063 2–4 同类事务整合处理效率骤增

P076 整理自己的标准时间

因为顺利完成了任务，这个月涨了工资！带着美滋滋的心情来过周末吧！→ 12

15

夜深人静，你躺在床上，进行每晚睡前思考。

虽然最近自己一直在学习和实践时间把控技能，是不是应该进行日常总结？→ 7

很多人对自己都有长期规划，你有时会想，真的有规划的必要吗？人难道不是活在当下的吗？→ 8

16

真的要立马开始工作吗？你明确好了今天的待办事项吗？可不要进入了时间把控的误区哦！

P046 2–1 任务清单是一天的导航

带着没入误区的侥幸，你来到了。→ 3

17

自己动手，丰衣足食呀，一整套做饭的程序也考验和锻炼着你的时间把控能力呢！

P098 3–4 爱做饭的人往往更会安排时间

做饭过程中煮鱼时一不小心煮过头了，时间本来是 5 分钟，但是因为切菜就给忘记了，果然要注意以下两点。

P076 整理自己的标准时间
P094 3–3 给计划设置日程提醒

享受完自己劳动的成果，周末也结束了。又到了辛苦的工作日。 → 24

18

假设你是内向的小米

工作间隙你和艾玛闲聊。“最近事情还真是多，但是自己记性又差，做了一件又落下了另外一件。”你抱怨道。

“那你有把各种事情记录下来的习惯吗？”艾玛问道。

“有的，我一直用便利贴记录。但是办公桌上贴得到处都是便利贴，乱七八糟的……”

“你可以尝试用手账来记录要完成的事情，手账不像便利贴那样分散。”艾玛建议道。

你回答道：

“啊！商场中有各种类型的手账，但是因为自己不熟悉，不知道该买那种类型的就没有尝试使用。”→ 9

“我其实早就买了一本手账，但是一直不知道怎么记录，就闲置了。”→ 25

19

一大早，你顶着大大的黑眼圈来到公司，坐在椅子上，想着接下来应该先做什么呢？怎样开始今天的工作呢？这时你会：

鼓足干劲，立刻打开电脑，马上开始工作。→ 16

先列好昨天未完成的事项和今天待办的事项，再打开电脑开始工作。→ 20

20

干得好！

“但是我也是刚开始学习时间把控，是不是只要事无巨细地列好每一个事项？”对于究竟怎样列好清单，思索着的你翻开书的：

P057 2–3 分解大任务靠小动力完成

P063 2–4 同类事物整合处理效率骤增

按照上述步骤列好了清单，到了下班时间发现清单上面仍然有两项任务没有完成，觉得自己是不是在执行工作的过程中出了问题。自己认真地分析了一下，主要是同事经常来询问问题，导致了工作过程被打断了数次，这直接影响了我的工作效率。来看看这里吧！

P069 2–5 彻底排除工作中的干扰

“好！”对于记录清单与安排计划终于有个把握了！→ 3

21

你继续问艾玛：“我现在知道了手账的基本使用方法。我注意到有很多手账达人的手账超级好看，而且他们的做事效率也很高呢。”

“对啊，他们可是有锦囊妙计呢！”艾玛神秘地笑道。

“什么锦囊妙计？我也要学一学。”→ 26

22

这样真的可行吗？时间的有效把控是需要日积月累的坚持才能养成习惯的，你可以先来了解一下本书的：

P012 1–3 从目标开始的倒推法
P024 1–5 度过时间管理的瓶颈期

不要灰心，只有了解了这些，你才能更好地把控后续的工作和生活中的时间。→ 19

23

“等等！”你确定不要优化你的工作方式，改善一下你做事的效率吗？那么请翻开书的：

P051 2–2 25 分钟内只做一件事
P057 2–3 分解大任务靠小动力完成

仔细看一看，明天的工作就尝试运用这几个方法来进行吧！

眨眼到了周五。→ 12

24

结束了有朋友和美食相伴的周末，一大早来到公司就有两件要紧事：一是要拟订好一份新的蔬菜合同，上午就得发给客户；

二是王组长叫你和他一起去见一位客户。

“大概多久能完成合同？”王组长问道。

你思考了一下，回答道：

“您给我客户的微信，我和他在微信上先聊一聊。” → **13**

“一个小时左右就行啦！” → **6**

25

哈哈，原来你早就买了手账呀，是不是对于手账的使用方法还是不太熟悉？请翻开书的：

P149 5–3 如何更好地使用手账

P158 5–4 个性化自己的手账

原来手账使用起来如此有趣。 → **21**

26

锦囊妙计就在这里！请翻开书的：

P164 工作中的手账速记技巧

你决定开始漫长的时间管理技能提升之路。